하루 한 마디
지혜의 말

하루 한 마디
지혜의 말

오세진 지음

홍익출판 미디어그룹

들어가기 전에

《논어》〈위정편〉에 '온고지신(溫故知新)'이란 말이 나온다. 옛 것을 익혀 새로운 것을 알아간다면 남의 스승이 될 수 있다는 공자의 말에서 비롯된 사자성어로, 오래된 지혜나 정보를 고리 타분한 이야기로 치부하지 않고 내일을 살아가는 디딤돌로 삼 으라는 뜻이다.

이처럼 중국의 장구한 역사 속에서 일어났던 크고 작은 일들 에서 유래하여 오늘날까지 전해져 관용적으로 사용하는 글귀 를 '고사성어(故事成語)'라고 한다. 이 책은 더 나은 삶을 위해 고민하는 사람들이 마음에 새기면 좋을 고사성어와 역사에 이 름을 남긴 위인들의 삶을 자세히 소개하고 있다.

특히 이 책에서는 고사성어 그 자체에 그치지 않고 출전과 원문, 역사적 배경과 해설을 자세히 소개하여 사전적 역할을 할 수 있게 꾸몄다. 여기엔 역사책에 굵직한 발자국을 남긴 위 인도 있고 이름 없이 살다 갔지만 후대 사람들에게 큰 깨달음을 주는 사람도 있지만 하나같이 오늘을 사는 우리에게 바른 삶의 길이 무엇인지 가르쳐 준다.

'복거지계(覆車之戒)'라는 말이 있다. 앞서가는 수레가 뒤집히는 것을 보고 뒤따라가는 수레가 미리 조심한다는 말로, 남의 실패를 거울로 삼으라는 뜻이다. 우리는 살면서 실패의 쓴잔을 마실 때도 있고, 좌절감 때문에 내일을 기약할 수 없을 것 같은 때도 있다. 이때 우리는 옛사람들이 실패했을 때 어떻게 일어섰는지, 그때 마음가짐은 어떠했는지 살펴봄으로써 재기의 각오를 다질 수 있다.

이 책에는 그런 깨달음과 가르침을 주는 말들이 가득하다. 동양철학의 지혜가 가득 담긴 이 책의 보석 같은 말들을 음미하고 마음에 새김으로써 오늘보다 나은 미래를 구축하는 당신이 되기를 바란다.

제1장

나는 날마다
세 가지를 반성한다

001	**삼성오신** 三省吾身	三 석 삼 省 살필 성 吾 나 오 身 몸 신

날마다 세 번씩 몸을 살핀다.
하루에 세 번씩 처신을 반성한다는 뜻.

나는 날마다 세 가지를 반성한다

증자가 말했다. "나는 날마다 다음 세 가지 점에 대해서 나 자신을 반성한다(三省吾身). 남을 위해 일을 꾀하면서 진심을 다하지 못한 점은 없는가. 벗과 사귀면서 신의를 지키지 못한 일은 없는가. 배운 것을 제대로 익히지 못한 것은 없는가." 《논어》

동의어 일일삼성(一日三省), 자원자애(自怨自艾).

해설 《논어》〈학이〉편에 나온다. 여기서 '삼(三)'이라는 숫자는 단순히 '3'을 가리키는 게 아니라 '여러 차례', '많이'라는 뜻도 있다. 따라서 '삼성오신'은 하루에 여러 차례 반성한다고 풀이해야 한다.

出 날출
爾 너이
反 돌이킬 반

출이반이
出爾反爾

002

자신에게서 나온 것은 자신에게 돌아온다.

네게서 나간 것은 네게로 돌아온다

초나라 목공이 노나라와 전쟁을 벌였는데, 장수와 고급관리들이 수십 명이나 죽었는데도 백성들은 죽은 자가 하나도 없었다. 백성들이 싸울 생각을 하지 않고 가만히 바라보기만 했기 때문이다. 목공이 맹자에게 말했다. "수수방관한 백성들을 처벌하자니 너무 많고, 그냥 두자니 용서할 수 없고, 대체 어찌하면 좋습니까?"

이에 맹자가 대답했다. "지난번 흉년이 들었을 때 노약자들이 수없이 굶어 죽고 젊은이들은 살길을 찾아 사방으로 흩어졌습니다. 그때 임금의 창고에는 곡식과 재물이 가득했음에도 백성을 구할 대책을 세우지 않고 방관했습니다. 일찍이 증자께서 이르시기를, '경계하고 또 경계하라. 네게서 나간 것은 네게로 돌아온다(出乎爾者 反乎爾者)'라고 하셨습니다. 백성들은 이제야 당한 것을 되갚았을 뿐입니다."

《맹자》

동의어 인과응보(因果應報), 출호이반호이(出乎爾反乎爾).

003	**후목불가조** 朽木不可雕	朽 썩을 후 木 나무 목 不 아닐 불 可 좋을 가 雕 새길 조

썩은 나무에는 조각할 수 없다.
일이나 물건이 더 이상 어찌할 수 없을 정도로 형편없다는 말.

썩은 나무에는 조각을 할 수 없다

재여가 낮잠을 자고 있는데, 이를 본 공자께서 말씀하셨다. "썩은 나무에는 조각을 할 수 없고(朽木不可雕), 더러운 흙으로 쌓은 담장에는 흙손질을 할 수 없다. 재여에 대해 무엇을 꾸짖겠는가? 처음에 나는 사람에 대하여 그가 하는 말을 듣고 그의 행실을 믿었는데, 이제는 사람에 대하여 그가 하는 말을 듣고도 그의 행실을 가리게 되었다. 재여로 인해 이를 바꾼 것이다." 《논어》

·

동의어   후목난조(朽木難雕), 후목분장(朽木糞牆), 후목분토(朽木糞土).

해설   《논어》〈공야장〉 편에 나온다. 공자의 제자인 재여는 말재주가 뛰어난 사람이었는데, 시간이 갈수록 신뢰하기 힘든 사람임을 알게 되어 이 같은 말을 한 것으로 보인다.

一 한 일
龍 용 룡(용)
豬 돼지 저

일룡일저
一龍一豬

004

학문의 성취에 따라 현명하거나 어리석은 차이가 심하게 나타난다.

나이 서른은 인생의 갈림길이다

"나이가 열두서넛이 되면 서로 능력을 나타내는 점이 달라지고, 스무 살쯤이 되면 그 차이가 점점 더 벌어져 맑은 냇물과 더러운 도랑을 비교하는 것처럼 차이가 벌어진다. 나이 서른이 되면 마침내 뼈대가 이루어지나니 용이 될 수도 있고 돼지가 되기도 한다."

한유(韓愈)의 〈부독서성남(符讀書城南)〉

해설 공자는 삼십이립(三十而立)이라 했는데, 한유는 나이 서른이 용이 될 수도 있고 돼지가 될 수도 있는 갈림길이라고 말하고 있다. 옛사람들은 서른이라는 나이를 인생의 한복판에 왔으니 그동안의 공부를 바탕으로 똑바로 서서 자신의 길을 가야 할 때라고 보았다.

005	**욕속부달** 欲速不達	欲 욕심 욕 速 빠를 속 不 아닐 부 達 이를 달

성급하게 서두르면 일이 성사되기 어렵다.
마음이 급하면 도리어 망치게 된다는 뜻.

급히 서두르지 말고, 작은 것에 집착하지 마라

자하가 어느 고을의 태수가 되자 공자에게 바른 정치에 대해 물었다. 이에 공자가 대답했다. "급히 서두르지 말고, 작은 것에 집착하지 마라. 급하게 서두르면 일이 성사되기 어렵고(欲速不達), 작은 것에 매달리다 보면 큰일을 이루지 못한다(欲巧反拙)." 《논어》

해설 《논어》〈자로〉편에 나온다. 매사에 너무 서두르거나 작은 것에 집착하는 태도는 바른 정치에 반하니 모름지기 대범하게 일처리를 하라는 가르침이다.

盤 서릴 반	
根 뿌리 근	**반근착절**
錯 섞일 착	盤根錯節
節 마디 절	

구부러진 뿌리와 엉클어진 마디.
세력이 단단히 뿌리박혀 절대 흔들리지 않는다는 뜻.

날카로운 칼날의 진가를 보이려면

후한의 대장군 등즐은 직언을 잘하는 장수인 우후를 몹시 미워했
다. 어느 지역에 폭동이 일어났을 때, 등즐은 우후를 제거할 목적
으로 그곳의 태수로 임명했다. 우후의 동료들이 걱정하자, 이렇게
말했다.

"어려운 일을 회피한다면 신하의 도리가 아니다. 구부러진 뿌리
와 엉클어진 마디(盤根錯節)에 부딪히지 않으면 날카로운 칼날의
진가를 알 수가 없다." 우후는 즉시 그곳으로 달려가 지혜와 용맹
으로 폭동을 진압했다.

《후한서》

해설 송나라의 학자 유청지(劉淸之)는 《계자통록(戒子通錄)》에 이렇게 썼다. "얽히고설킨
복잡한 일을 만나면 나의 재능을 시험할 수 있고, 많은 사람들이 바람에 쓸리듯 쫓
아가는 일을 만나면 나의 지조를 시험할 수 있다."

15

| 007 | **사이후이**
死而後已 | 死 죽을 사
而 말 이을 이
後 뒤 후
已 그칠 이 |

죽어야 멈춘다.
죽을 때까지 있는 힘을 다해 노력하라는 뜻이다.

모든 일은 죽은 뒤에야 멈추는 것이니

공자의 제자인 증자가 말했다. "선비는 뜻이 크고 의지가 강인해야 하니 책임은 무겁고 갈 길은 멀기 때문이다. 인을 자신의 평생의 임무로 삼으니 또한 책임이 무겁지 않은가. 이 모든 일은 죽은 뒤에야 그만두는 것이니(死而後已), 또한 갈 길이 멀지 않은가."

《논어》

해설 《논어》〈태백〉 편에 나온다. 인을 행하는 일은 죽을 때까지 멈추지 말아야 한다는 뜻을 담은 말이다. 제갈량은 〈후출사표(後出師表)〉에 "제 몸이 병들어 기력에 소진할 때까지 맡은 소임을 다하고 몸과 마음을 다 바쳐서 나라와 황제께 이바지하고자 합니다(鞠躬盡瘁 死而後已)."라고 썼다. 출사표란 전쟁터로 떠나기 전에 장수가 결의를 표명하며 임금에게 상소 형식으로 올리는 일종의 결의문이다.

16

刮 비빌 괄 目 눈 목 相 서로 상 對 대할 대	008

괄목상대
刮目相對

눈을 비비고 상대를 다시 보다.
학식이나 업적이 크게 진보한 것을 뜻한다.

눈을 비비고 다시 봐야 할 정도

오나라 군주인 손권의 휘하에는 여몽이라는 장수가 있었다. 졸병에서 출발해서 대장군까지 올랐지만 원래 일자무식이라 병법서는 커녕 편지 한 장 제대로 쓸 줄을 몰랐다.

　그의 능력을 아낀 손권이 누차 학문에 전념하라고 이르자 여몽은 전장에 나가서도 손에서 책을 놓지 않고 공부에 전념했다. 어느 날 뛰어난 학식을 지닌 여몽의 친구가 그와 마주앉아 이야기를 나누다가 그의 박식함에 깜짝 놀라자 여몽이 이렇게 대꾸했다. "선비는 헤어진 지 사흘만 지나도 눈을 비비고 다시 봐야 할 정도로(刮目相對) 달라져 있어야 하는 법이라네."

《삼국지》

해설　손에서 책을 놓지 않고 공부에 전념하는 모습을 가리키는 사자성어는 '수불석권(手不釋卷)'이다. 항상 손에 책을 들고 부지런히 공부하는 것을 이르는 말이다.

009	**부앙불괴** 俯仰不愧	俯 구부릴 부 仰 우러를 앙 不 아닐 불 愧 부끄러울 괴

하늘을 우러러보나 땅을 굽어보나 양심에 부끄러울 것이 없다.

하늘을 우러러 부끄럽지 않으니

군자에게는 세 가지 즐거움이 있다(君子有三樂). 양친이 다 살아계시고 형제가 무고한 것이 첫 번째요, 하늘을 우러러 부끄럽지 않고 굽어보아도 사람들에게 부끄럽지 않은 것이(俯仰不愧) 두 번째이며, 천하의 인재를 얻어 교육하는 것이 세 번째다. 군자에게는 이렇게 세 가지 즐거움이 있지만, 천하를 통일하여 왕이 되는 것은 여기에 들어 있지 않다. 《맹자》

동의어 부앙무괴(俯仰無愧).

해설 《맹자》〈진심장구 상〉편에 나온다. 우리가 흔히 쓰는 '하늘을 우러러 부끄럽지 않다'는 말이 여기에 등장한다.

歲 해 세 月 달 월 不 아닐 부 人 사람 인 待 기다릴 대	**세월부대인** 歲月不待人	010

세월은 사람을 기다리지 않으니 시간을 아껴라.

세월은 사람을 기다려주지 않는다

젊은 시절은 거듭 오지 않으며 하루에 아침을 두 번 맞이하지 못한
다. 때를 놓치지 말고 부지런히 일하라. 세월은 사람을 기다려주지
않는다(歲月不待人).　　　　　　　　　　도연명(陶淵明)의 〈잡시(雜詩)〉

해설　　원문은 다음과 같다. "인생의 한창시절은 다시 오지 않고, 하루에 새벽은 두 번이
　　　　없다. 때를 만나면 마땅히 힘써라, 월세은 나를 기다려주지 않는다." 도연명은 당나
　　　　라 이후 남북조 시대 최고 시인으로 평생 술과 함께하여 '술의 성인'으로 불린다.

| 011 | 권토중래
捲土重來 | 捲 말 권
土 흙 토
重 거듭할 중
來 올 래 |

흙먼지를 날리며 다시 돌아오다.
한두 번의 실패에도 굴하지 않고 몇 번이고 다시 일어난다는 뜻.

이기고 지는 것은 병가도 기약할 수 없거늘

항우가 유방에게 패한 뒤에 오강에서 자결한 지 천년이 지난 당나라 말기, 시인 두목(杜牧)이 오강을 지나다 항우를 추모하며 남긴 〈제오강정(題烏江亭)〉이란 시에 등장하는 말이다.

"이기고 지는 것은 병가도 기약할 수 없거늘 수치심을 안고 참아내야만 진정 사내대장부라네. 강동의 자재들 중에 인재가 많으니 흙먼지를 일으키며 다시 올 사람은 아직 알 수 없다네(捲土重來未可知)."

〈제오강정〉

동의어 사회부연(死灰復燃).

해설 두목은 중국 당나라 후기의 시인으로 〈적벽〉, 〈아방궁부〉 같은 걸출한 작품을 발표하여 '작은 두보'라 불렸다. 유방에게 패한 수치심으로 스스로 목숨을 끊은 항우에 대해 아쉬움을 표하는 글이다.

결초보은
結草報恩

풀을 묶어 은혜를 갚다.
베풀어준 은혜를 죽어서도 잊지 않고 갚는다는 뜻.

내게 베풀어준 은혜를 죽어서도 잊지 않다

진나라의 위무자가 병이 들자 아들에게 말하기를 자신이 죽으면 후처(아들의 서모)를 개가시켜 순장(殉葬)을 면하게 하라고 유언했다. 당시엔 남편이 죽으면 아내가 따라 죽는 관습이 있었다.

그런데 병세가 악화되어 정신이 혼미해진 위무자가 후처를 순사(殉死)시켜 함께 묻어 달라고 말하는 등 자꾸 횡설수설했다. 위무자가 죽은 뒤, 아들은 서모를 개가시켜 죽음을 면하게 해주었다. 후에 아들이 전쟁에 나가 위기에 처했을 때, 서모의 아버지 영혼이 나타나 적군의 앞길에 풀을 잡아매어 말이 걸려 넘어지게 함으로써 그를 구해주었다. 《춘추좌씨전》

동의어 각골난망(刻骨難忘), 난망지택(難忘之澤), 백골난망(白骨難忘).

013	**적선여경** 積善餘慶	積 쌓을 적 善 착할 선 餘 남을 여 慶 경사 경

착한 일을 많이 한 결과 좋은 일이 자손에게까지 두루 미치다.

선을 쌓으면 반드시 경사가 뒤따른다

선을 쌓은 집안은 반드시 경사가 있고, 불선(不善)을 쌓은 집안은 반드시 재앙이 있다. 신하가 임금을 죽이고 자식이 아비를 죽이는 일이 벌어지는 것은 하루아침에 그리 된 것이 아니라 오래전부터 점차적으로 이루어진 것이다.
《주역》

해설   《주역》〈문언전〉 편에 나온다. 원래 문장은 '적선지가 필유여경(積善之家 必有餘慶)'
으로, 원문은 다음과 같다. "선을 쌓는 집안은 반드시 남는 경사가 있고, 불선을 쌓
는 집안에는 반드시 남는 재앙이 있다. 신하가 그 임금을 죽이고, 자식이 그 아비를
해치는 일이 벌어지는 것은 하루아침에 갑자기 그렇게 된 것이 아니다. 그 유래는
오래전부터 점차적으로 이루어진 것이다."

구반문촉
毆槃捫燭

맹인이 쟁반을 두드리고 초를 만지다.
어떤 사실을 정확히 파악하지 못하고 섣불리 지레짐작하는 것을 이르는 말.

태양을 쟁반이나 촛대라고 믿었던 맹인

어느 맹인이 태양이 어떻게 생겼는지 궁금하여 다른 사람에게 물었는데, 어떤 사람이 쟁반같이 생겼다고 하자 쟁반을 두드려보고 그 소리를 기억해두었다가 나중에 종소리를 듣고 태양이라 하였고, 또 어떤 사람이 촛불처럼 빛을 낸다고 하자 촛대를 만져보고 그 느낌을 기억해두었다가 나중에 피리를 만져보고 태양이라고 했다.

소동파(蘇東坡)의 〈일유(日喩)〉

동의어   군맹무상(群盲撫象), 군맹평상(群盲評象), 종반촉약(鍾盤燭籥).

015	견문발검 見蚊拔劍	見 볼 견 蚊 모기 문 拔 뽑을 발 劍 칼 검

모기를 보고 칼을 뽑다.
하찮은 일에 지나치게 허둥대며 덤빈다는 뜻.

시끄러운 모기에 칼을 휘두르다

살아가면서 환경과 분위기에 따라 해야 할 말이 있고 하지 말아야
할 말이 있어 분별할 줄 아는 것이 중요하다. 윙윙거리며 시끄럽게
날아다니는 모기가 싫다며 칼을 휘두른다면 그를 어리석은 사람
이라고 하지 용감하다고 하지는 않을 것이다. 　　　《위략(魏略)》

동의어　노승발검(怒蠅拔劍).

해설　동의어 '노승발검'은 귀찮게 날아다니는 파리를 보고 화를 내며 칼을 빼어들고 쫓
아다닌다는 말이다. 사소한 일에 벌컥벌컥 화를 잘 내는 사람을 묘사할 때 흔히 쓰
는 표현이다.

切 끊을 절 磋 갈 차 琢 다듬을 탁 磨 갈 마	**절차탁마** 切磋琢磨

옥돌을 자르고, 쪼고, 갈고, 닦아서 빛을 내다.
학문이나 덕행을 갈고닦는다는 뜻.

칼로 자르는 듯, 정으로 쪼는 듯

자공이 말했다. "가난하면서도 남에게 아첨하지 않고, 부유하면서
도 남에게 교만하지 않는다면 어떻습니까?" 이에 공자께서 말씀
하셨다. "그 정도면 괜찮은 사람이지만 가난하면서도 즐겁게 살고,
부유하면서도 예의를 좋아하는 것만 못하다."

자공이 말했다. "《시경》에 이르기를 '칼로 자르는 듯, 줄로 가는
듯, 정으로 쪼는 듯, 숫돌로 광을 내는 듯하다(切磋琢磨)'고 했는데,
이를 두고 말씀하시는 것입니까?" 공자가 흐뭇한 표정으로 말했
다. "너야말로 이미 들은 것으로 장차 있을 것까지 아니, 참으로 나
와 함께 시를 말할 수 있겠구나."

《시경》

해설 《논어》〈학이〉 편에도 나오는 말이다. 학문이나 인격을 갈고닦는다는 뜻으로, 공부
에 매진하는 사람들이 가장 마음에 새기는 말이다.

| 017 | **병가상사**
兵家常事 | 兵 병사 병
家 집 가
常 예사로울 상
事 일 사 |

전쟁에서 이기고 지는 것은 흔한 일이니 지더라도 낙담하지 마라.

한 번 이기고 한 번 지는 것은

당나라 황제가 전쟁에 패하고 돌아온 장수 배도가 낙담한 표정을
짓자 이렇게 말해주었다. "한 번 이기고 한 번 지는 것은 병가에서
항상 있는 일이다(一勝一敗 兵家常事)."

《당서》

해설　《손자병법》은 전쟁에 이기는 36가지 계책을 소개한다. 그중에 마지막 36계는 세가
불리하면 주위상계(走爲上計), 즉 각 도망치는 것이 상책이라는 것이다. 손자는 강한
적과 싸워 불리할 때는 일단 퇴각하여 다시 공격할 기회를 찾는 것이 좋은 방법이
며, 이는 결코 허물이 아니라고 강조한다. 손자는 심지어 패배조차도 싸움에서 아
주 흔한 일로, 한 번 지고 이기는 일에 일희일비할 일이 아니라고 말하고 있다.

| 推 밀 추 |
| 己 자기 기 |
| 及 미칠 급 |
| 人 사람 인 |

추기급인
推己及人

내 처지를 미루어 남을 헤아리다.
자기 마음을 기준으로 삼아 남에게도 그렇게 대하거나 행동한다는 뜻.

항상 누군가를 염려한다는 것은

제나라 경공이 한겨울에 따뜻한 방에서 여우 털로 만든 옷을 입고 바깥에 쌓인 눈을 내다보며 재상 안영에게 이렇게 말했다. "올겨울에는 눈이 많이 내렸지만 마치 봄날처럼 따뜻하여 조금도 춥지 않구려."

이에 안영이 말했다. "옛날의 현명한 군주들은 자기가 배불리 먹으면 누군가 굶주리지 않을까 걱정하고, 자기가 따뜻한 옷을 입고 있으면 누군가 얼어 죽지 않을까 걱정했으며, 자기의 몸이 편안하면 누군가 불편하지 않을까 항상 염려했습니다." 이 말에 경공은 부끄러운 나머지 얼굴을 붉히며 아무 말도 하지 못했다. 《논어》

동의어 혈구지도(絜矩之道).

		能 능할 능
019	**능서불택필** 能書不擇筆	書 쓸 서 不 아닐 불 擇 가릴 택 筆 붓 필

명필은 붓을 가리지 않는다.
어떤 일에 능숙한 사람은 도구를 탓하지 않는다는 뜻.

고수는 도구를 탓하지 않는다

당나라의 저수량은 우세남, 구양순과 함께 최고의 명필로 꼽혔다. 저수량은 평소에 좋은 붓과 먹이 없으면 아예 글씨를 쓰지 않았는데 어느 날 우세남에게 '나와 구양순을 비교하면 누가 더 나은가?' 하고 물었다.

구양순은 당대 최고의 명필로 추앙받는 인물인데, 저수량은 자신이 구양순에 절대 뒤지지 않는 실력자라 자부하며 이렇게 물었던 것이다. 이에 우세남이 대답했다. "구양순은 종이와 붓에 대해서는 전혀 말없이 아무 종이에나 글씨를 쓴다(能書不擇筆). 그러나 그대는 아직도 종이와 붓에 구애받고 있으니 구양순을 따를 수는 없다."

《당서》

동의어 지필불택(紙筆不擇).

해설 구양순은 당나라 초기의 서예가로 서성(書聖)이라 불렸던 왕희지와 함께 해서(楷書) 분야의 최고 인물로 평가된다. '구양순체'는 오늘날까지도 서예가들의 교과서로 여겨진다.

切 끊을 절 問 물을 문 近 가까울 근 思 생각할 사	**절문근사** 切問近思

절실하게 묻고 가깝게 생각한다. 실질적이고 구체적인 질문을 하고, 자신의
삶과 밀접하게 연관된 가까운 것들을 생각한다는 뜻.

절실하게 묻고 가까운 것으로부터 생각하라

자하가 말했다. "배우기를 널리 하고 뜻을 돈독히 하며, 절실하게
묻고 가까운 것으로부터 생각한다면(切問而近思), 인은 그 가운데
있다." 《논어》

해설 《논어》〈자장〉 편에 나온다. 공부하는 자세에 대한 자하의 명언으로, 현실을 직시하
면서 절실하게 물어 답을 찾아가는 자세가 인으로 가는 지름길이라는 뜻이다.

021	**견란구계** 見卵求鷄	見 볼 견 卵 알 란 求 구할 구 鷄 닭 계

달걀을 앞에 놓고 닭이 되어 울기를 바라다.
지나치게 성급하다는 뜻.

달걀을 보고 닭 울음소리가 나기를 바라다

구작자가 스승 장오자에게 물었다. "공자의 말에 의하면 성인(聖
人)은 속된 세상사에 종사하지 않고, 함부로 명리를 추구하지 않
으며, 말하지 않아도 말한 듯 말해도 말하지 않은 듯하면서 속세를
떠나 노닌다고 했습니다. 공자는 이를 도를 실행하는 일이라고 했
는데, 스승님께서는 어떻게 생각하십니까?"

이에 장오자가 대답했다. "네가 어찌 그 말의 참뜻을 알겠느냐?
너는 마치 달걀을 보고 닭 울음소리로 새벽을 알리기를 바라거나
탄 알을 보고 새 구이를 먹기를 바라는 것과 같이(見卵而求時夜 見
彈以求鴞炙) 지나치게 서두르는 것 같구나."

《장자(莊子)》

해설 《장자》〈제물론〉 편에 나오는 이야기이다. 구작자(瞿鵲子)는 '겁 많은 까치 선생'이
    라는 뜻이고 장오자(長梧子)는 '키다리 오동나무 선생'이라는 말이다. 《장자》는 〈내
    편〉, 〈외편〉, 〈잡편〉으로 나뉘는데, 〈제물론〉은 〈내편〉에 있다.

爭 다툴 쟁		
先 먼저 선	**쟁선공후**	**022**
恐 두려울 공	爭先恐後	
後 뒤 후		

앞서기를 다투고 뒤처지는 것을 두려워하다.
치열한 경쟁을 뜻한다.

말을 타면서 제일 중요한 일은

진나라에 왕자기라는 유명한 마부가 있었다. 조나라의 대부 양주
가 그로부터 말을 부리는 기술을 배우고는 이만하면 되었다고 믿
고 그에게 마차 달리기 시합을 청했다.

하지만 양주는 세 번이나 말을 바꾸었는데도 왕자기에게 연속으
로 패하고 말았다. 이에 양주가 화를 내며 말 다루는 기술을 제대로
가르쳐주지 않은 것 같다고 따졌다. 그러자 왕자기가 대답했다.

"저는 비책을 전부 가르쳐드렸지만, 대부께서 잘못 배우셨습니
다. 말을 다루면서 제일 중요한 일은 사람과 말의 마음이 일치되어
야 하는 것으로, 대부께서는 저를 앞지르고자 초조해하고, 앞서 달
릴 때는 제가 쫓아오지 않을까 걱정하셨습니다(爭先恐後). 말을 달
려 먼 곳까지 달릴 때는 앞설 수도 있고 뒤질 수도 있는데 앞서든
뒤지든 항상 저에게 마음을 쓰시니 어떻게 말과 일치되어 달릴 수
있겠습니까?" 《한비자》

023	**누란지위** 累卵之危	累 포갤 루(누) 卵 알 란 之 어조사 지 危 위태할 위

달걀을 겹겹이 쌓아놓은 것처럼 매우 위태롭다.

계란을 겹겹이 쌓아놓으면

위나라의 범수가 억울하게 감옥에 갇혔다가 탈옥한 뒤, 진나라에서 온 사신의 도움을 받아 망명하게 되었다. 왕계는 진나라 왕에게 범수를 추천하면서 이렇게 말했다.

"그의 말에 따르면, 지금 진나라는 위나라를 비롯한 강대국의 위세 앞에서 계란을 겹겹이 쌓아놓은 것보다 더 위태롭다(累卵之危)고 합니다. 만일 자기를 받아들인다면 진나라가 평안을 유지할 수 있게 도와주겠다고 합니다." 이후 범수는 진나라 왕에게 외교 정책을 진언하는 등 크게 활약했다. 《사기》

동의어 백척간두(百尺竿頭), 여리박빙(如履薄氷), 일촉즉발(一觸卽發), 절체절명(絕切絕命), 풍전등화(風前燈火).

	殷 은나라 은	**은감불원**	**024**
	鑑 거울 감	殷鑑不遠	
	不 아닐 불		
	遠 멀 원		

은나라가 거울로 삼을 만한 교훈은 멀리 있지 않다.
가까운 곳에 교훈이나 귀감으로 삼을 만한 좋은 전례가 있다는 뜻.

교훈을 삼을 것은 멀리 있지 않다

하나라 걸왕과 은나라 주왕은 최악의 폭군으로 유명하지만 원래
부터 그런 건 아니었다. 젊어서는 출중한 지혜와 용기를 겸한 인물
이었지만 걸왕에게는 매희라는 여인이, 주왕에게는 달기라는 여인
이 생기면서 주지육림에 빠져들어 나라를 망치고 말았다.

　이후 이들의 뒤를 이어 왕에 오른 주나라 문왕이 새로운 왕조를
세웠을 때, 서백이라는 신하가 간언을 하다 옥에 갇히자 이런 말을
했다. "은나라 왕이 거울로 삼을 만한 것은 먼 곳에 있지 않고 하나
라 걸왕 때 있사옵니다(殷鑑不遠 在夏后之世)." 《시경》

동의어 복거지계(覆車之戒).

025	이심전심 以心傳心	以 써 이 心 마음 심 傳 전할 전

굳이 말을 하지 않아도 서로 마음이 통하여 알게 되다.

연꽃은 비록 진흙 속에서 살지만

어느 날 석가가 제자들을 불러 모으고 연꽃 한 송이를 집어 들고는 (拈華) 말없이 약간 비틀어 보였다. 제자들이 무슨 뜻인지 몰라 어리둥절한 표정을 짓는 가운데, 오직 한 사람 가섭만이 그 뜻을 알고 빙그레 웃었다(微笑). 석가의 뜻은 이러했다.

"연꽃은 진흙 속에서 살지만 꽃이나 잎에 진흙이 묻지 않듯이 불자 역시 세속의 추함에 물들지 말고 오직 선을 행하라."

《전등록(傳燈錄)》

동의어 교외별전(敎外別傳), 불립문자(不立文字), 심심상인(心心相印), 염화시중(拈華示衆).

해설 동의어 '불립문자'는 말이나 글이 지니는 형식과 틀에 집착하거나 빠지는 것을 경계해야 한다는 불교의 교리이다.

발묘조장
拔苗助長

급하게 서두르다 도리어 일을 그르치다.

성미 급한 농부의 모내기

송나라 때 어느 마을의 농부가 모내기를 한 후에 벼가 얼마나 자랐는지 보려고 논에 나가 보았다. 그런데 아무리 봐도 다른 사람의 벼보다 덜 자란 것 같기에 자기 논의 벼의 순을 잡아 빼보니 약간 더 자란 것 같았다.

농부는 하루 종일 이 일을 했고, 저녁 때 집에 돌아와서는 식구들에게 자랑삼아 이야기했다. 기겁을 한 가족들이 이튿날 일찍 논에 나가보니 벼는 이미 하얗게 말라죽어 있었다. 《맹자》

해설　《맹자》〈공손추 상〉편에 나온다. 너무 성급하게 결과를 내려고 서두르다 보면 오히려 일을 망친다는 가르침이다.

027	**등용문** 登龍門	登 오를 등 龍 용 룡(용) 門 문 문

입신출세의 관문을 상징한다.

용문을 튀어 오르는 물고기

용문은 황하 상류에 있는 협곡으로, 몹시 급하게 흐르는 여울이 있어 큰 물고기도 여간해서는 튀어오르지 못했다. 그래서 오래전부터 어떤 물고기라도 여기를 한번 차오르기만 하면 진짜 용으로 변한다는 전설이 전해지고 있었다.

등용문은 여기서 비롯된 말로 난관을 뚫고 입신출세 길에 오르게 되는 것을 '용문에 오른다(登龍門)'고 했다. 등용문에 반대되는 말은 점액(點額)으로, '點'은 상처를 입는다는 뜻이고 '額'은 이마를 뜻하는데 용문에 오르려고 급류에 도전했다가 바위에 부딪혀 이마를 깨고 피를 흘리며 떠내려가는 물고기를 말한다.   《후한서》

타면자건
唾面自乾

남이 내 얼굴에 침을 뱉으면 당장 그 침을 닦지 말고 저절로 마를 때까지 기다려라. 처세에는 참을성이 필요하다는 뜻.

누군가 내 얼굴에 침을 뱉으면

당나라의 누사덕은 학덕이 높은 선비였다. 그의 동생이 대주라는 곳에 수령으로 가게 되어 인사하러 오자 모든 일에 인내하며 처신하라고 충고했다.

그러자 동생이 누군가 자기 얼굴에 침을 뱉으면 손으로 닦고 대항하지 않겠노라고 답했다. 이에 누사덕이 말했다. "그 사람 앞에서 침을 닦으면 노할 테니 침이 저절로 마를 때까지 참아라(唾面自乾)."

《당서(唐書)》

해설   《당서》는 《신당서(新唐書)》를 말한다. 당나라의 건국부터 멸망까지 290년의 흥망성쇠를 기록한 기전체 역사책으로, 송나라 때 구양수와 송기 등이 찬술했다. 총 225권에 달하는 방대한 양으로, 당나라 때의 문장이 거의 그대로 남아 있어 사료적 가치가 높다.

029	**혜이불비** 惠而不費	惠 은혜 혜 而 말 이을 이 不 아닐 불 費 쓸 비

백성들에게 항상 은혜를 베풀되 넘칠 정도여서는 안 된다.

정치에 종사할 수 있는 다섯 가지 미덕

자장이 공자께 여쭈었다. "어떻게 하면 정치에 종사할 수 있습니까?" 공자께서 말씀하셨다. "다섯 가지 미덕을 존중한다면 정치에 종사할 수 있다. 그것은 은혜를 베풀되 낭비하지 말고(惠而不費), 수고롭게 일을 시켜도 원망을 사지 않으며(勞而不怨), 뜻을 이루고자 하면서도 탐욕을 부리지 않고(欲而不貪), 넉넉하면서도 교만하지 않으며(泰而不驕), 위엄이 있으면서도 사납지 않은 것이다(威而不猛)." 《논어》

해설 《논어》〈요왈〉편에 나온다. 지도자의 행동강령과도 같은 말로 오늘날에도 공직사회에서 반드시 본받아야 할 정신으로 널리 회자되고 있다.

不 아닐 불 愧 부끄러울 괴 屋 집 옥 漏 서북 모퉁이 루	**불괴옥루** 不愧屋漏	**030**

군자는 사람이 보지 않는 곳에서도 부끄러운 행동을 하지 않는다.

다른 사람이 보지 않는 곳에서도

'옥루'는 집안에서 서북쪽 구석에 있는 방으로 볕이 들지 않는 제일 어두운 곳을 말한다. 군자는 다른 사람이 보지 않는 그런 곳에서도 신중한 언행을 하므로 귀신에게도 부끄럽지 않다는 뜻이다.

《시경》

해설　유교의 중요한 수양 방법이자 실천 덕목으로 '신독(愼獨)'이라는 것이 있다. 남의 눈에 띄지 않는 곳에 혼자 있을 때도 도리에 어긋나지 않도록 말과 행동을 삼가며 조심한다는 뜻으로, '불괴옥루'와 같은 뜻을 가진 말이다.

| 031 | 경궁지조
驚弓之鳥 | 驚 놀랄 경
弓 활 궁
之 어조사 지
鳥 새 조 |

한번 화살에 크게 놀란 새는 구부러진 나무만 봐도 놀란다.
무엇에 한번 놀란 사람은 작은 일에도 겁을 먹고 위축된다는 뜻.

싸움에 패한 장수는 자기를 이긴 상대를

위나라의 명궁 경리가 왕과 함께 산책할 때, 날아가는 기러기들을 화살 없이 시위만 당겨도 떨어뜨릴 수 있다고 장담했다. 경리가 그 자리에서 정말로 빈 활시위를 당겼는데 맨 뒤에 날아가던 기러기 한 마리가 뚝 떨어졌다. 왕이 연유를 묻자 경리가 대답했다.

"이 기러기는 얼마 전에 제가 쏜 화살에 맞아 다친 적이 있습니다. 아직 상처가 아물지 않아 맨 뒤에서 힘겹게 날아가며 구슬피 우는 소리를 듣고 당장 알아봤습니다. 이 새는 활시위가 당겨지는 소리만 듣고도 놀라 땅에 떨어진 것입니다." 싸움에 패한 장수는 자기를 이긴 상대에 두려움을 갖게 마련이니 다시 그와 싸울 때는 조심해야 된다는 뜻으로 쓰는 말이다. 《전국책》

동의어 상궁지조(傷弓之鳥), 징갱취제(懲羹吹虀).

狐 여우 호 疑 의심할 의 未 아닐 미 決 결단할 결	# 호의미결 狐疑未決

O32

여우가 의심이 많아 쉽사리 결단을 내리지 못하듯이 어떤 일을 하면서 의심
탓에 쉽사리 결행하지 못하다.

겨울강을 건너며 여우를 앞세우는 이유

황하의 나루터인 맹진과 하진은 겨울에 강이 얼면 얼음의 두께가
몇 장(丈)이나 될 정도여서 수레가 지나도 끄떡없었다. 그래도 사
람들은 안심하지 못하고 여우를 먼저 건너게 하곤 했는데, 이유는
귀가 밝은 여우가 얼음 밑에서 물소리가 나면 재빨리 돌아오기 때
문이었다. 여우가 무사히 건너면 사람들은 그제야 안심을 하고 강
을 건넜다. 《술정기(述征記)》

동의어 호의불결(狐疑不決).

41

033	**계포일락** 季布一諾	季 끝 계 布 베풀 포 一 한 일 諾 허락할 락

한번 맺은 약속은 반드시 지킨다.

한번 약속한 것은 반드시 지킨다

초나라의 계포는 젊었을 때부터 한번 약속한 것은 무슨 일이 있어도 지켰다. 유방과 항우가 천하를 놓고 쟁패할 때, 계포는 항우의 장수로 출전해서 여러 차례 큰 승리를 거둠으로써 유방에게는 눈엣가시 같은 존재였다.

유방이 천하를 통일하게 되자 그의 목에 현상금이 걸려 쫓기는 신세가 되었다. 그러나 의리의 남자인 계포를 잘 아는 사람들은 누구도 고발하지 않았고, 오히려 그를 유방에 천거했다. 덕분에 계포는 사면과 동시에 큰 벼슬을 얻었다. 《사기》

동의어 남아일언중천금(男兒一言重千金), 일락천금(一諾千金).

陰 그늘 음 德 덕 덕 陽 볕 양 報 갚을 보	**음덕양보** 陰德陽報	**034**

남몰래 덕행을 쌓은 사람은 나중에 반드시 보답을 받는다.

남모르게 덕행을 쌓은 사람은

초나라 재상 손숙오가 어렸을 때의 일이다. 아들이 며칠을 풀이 죽어 있어 어머니가 까닭을 묻자, 이렇게 대답했다. "얼마 전에 머리가 둘 달린 뱀을 보았는데, 그것을 본 사람은 반드시 죽는다고 들었습니다. 저는 머지않아 죽을 것입니다." "그 뱀이 어디 있느냐?" "다른 사람이 볼까 봐 죽여서 땅에 묻었습니다."

어머니는 아들을 안아주며 이렇게 말했다.

"남모르게 덕행을 쌓은 사람은 반드시 보답을 받는 법이다(陰德陽報). 네가 그런 마음으로 뱀을 죽인 것이니 그 덕분에 죽지 않을 것이다." 《회남자》

035	**수서양단** 首鼠兩端	首 머리 수 鼠 쥐 서 兩 두 량(양) 端 끝 단

구멍 속에서 머리를 내민 쥐가 나갈까 말까 망설이다.
거취를 결정하지 못하고 우왕좌왕하는 모양을 가리키는 말.

구멍에 머리만 내민 쥐새끼처럼

전한의 경제 때, 두영과 전분이 사소한 일로 시비를 벌이다 왕에게
흑백을 가려달라고 했다. 이에 경제가 어사대부 한안국의 의견을
묻자 판단하기 곤란하다며 회피했다. 다른 신하들에게 물어도 마
찬가지였다. 이에 왕은 진노했고, 전분은 왕의 마음을 어지럽힌 것
을 부끄럽게 여기고 사직서를 제출했다. 전분이 대궐을 나가며 한
안국에게 말했다.

"당신은 비겁하게도 구멍에 머리만 내민 쥐새끼처럼 이리저리
엿보기만 했소(首鼠兩端)."   《사기》

群 무리 군 盲 소경 맹 撫 어루만질 무 象 코끼리 상	**군맹무상** 群盲撫象 **036**

여러 맹인들이 코끼리의 몸을 더듬다.
저마다 자기만의 좁은 소견에 따라 사물을 그릇 판단한다는 뜻.

좁은 소견으로 상대를 판단하는

인도의 어떤 왕이 진리에 대해 말하다가 코끼리를 데려오라고 명하고는 맹인 여섯 명을 불러 손으로 만져보고 각기 자기가 알고 있는 코끼리에 대해 말해보라고 했다. 그러자 그들은 각자 자신이 만진 부분으로만 코끼리의 형상을 표현했다.

　이에 왕이 말했다. "코끼리는 하나인데, 저들은 제각기 자기가 만진　것만을 코끼리로 알고 있으면서도 조금도 부끄러워하지 않는구나. 진리를 아는 것도 이와 같다."　　　　　　《열반경(涅槃經)》

동의어　구반문촉(毆槃捫燭), 군맹평상(群盲評象), 맹완단청(盲玩丹靑).

O37	**사회부연** 死灰復燃	死 죽을 사 灰 재 회 復 다시 부 燃 탈 연

다 타버린 재에 다시 불이 붙다.
세력을 잃었던 사람이 다시 세력을 얻는다는 뜻.

다 타버린 재에 불길이 다시 살아나는

양나라 효왕 때, 고위관리였던 한안국이 옥에 갇히자 옥사장 전갑이 온갖 모욕을 퍼부으며 능멸했다. 그러자 한안국이 말했다. "다 타버린 재도 다시 불길이 살아나는 경우가 있는 법이다(死灰復燃)." 이에 전갑은 다시 불이 붙으면 오줌을 싸서 끄겠다며 비웃었다. 그 뒤 감옥에서 풀려난 한안국은 다시 벼슬길에 올랐고, 자신을 모욕한 전갑도 용서해 주었다.   《사기》

동의어   권토중래(捲土重來).

46

오랜 세월 원수처럼 싸웠던 두 나라
– 누가 최후의 승자가 될 것인가?

《손자(孫子)》에 '오월동주(吳越同舟)'라는 말이 나온다. 오나라 사람과 월나라 사람이 같은 배를 탄다는 말로, 평소에는 으르렁거리며 지내는 원수지간이라도 어려운 상황이 되면 협력하게 된다는 뜻이다.

오나라 왕 합려(闔閭)와 월나라 왕 윤상(允常)은 오랜 세월 사사건건 충돌하며 원수처럼 대적하는 사이였다. 양쯔강 남쪽, 지금의 남중국해에 면하여 월나라가 아래쪽에, 오나라가 위쪽에 자리한 가운데 국경을 마주한 두 나라는 중원의 패권을 다투기 위해 쫓고 쫓기는 경쟁관계를 이어갔다.

BC 496년, 오나라 합려가 월나라를 치기 위해 대군을 거느리고 침략을 강행했다. 그러나 오나라 군대는 월나라의 군사전략가인 범려(范蠡)와 문종(文種)의 계책으로 대패하고 말았다. 이때 월나라는 자살특공대를 조직하여 적의 눈앞에서 스스로 목을 베게 함으로써 오나라 군대를 경악에 빠뜨리는 한편으로 혼란에 빠진 적진을 뚫고 들어가 합려를 상처 입히는 등 오나라 군대를 초토화시켰다. 이 상처로 인해 합려는 사망하고 말았다.

그 뒤 오나라의 왕위에 오른 사람은 합려의 큰아들 부차(夫差)였다. 부차는 아버지의 원한을 잊지 않기 위해 장작더미 위에서 잠을 자며 신하들에게는 자신의 방을 드나들 때마다 아버지의 유언을 큰소리로 외치게 하는 등 절치부심했다. 당시 그에게는 오자서(伍子胥)라는 참모가 있었다. 부차는 오자서와 함께 부국강병에 힘을 써 불과 2년 뒤인 BC 494년에 다시 월나라를 쳐들어가서 이번에는 방심하고 있던 월나라를 멸망 직전까지 몰아붙였다.

이때 월나라의 왕은 윤상의 아들 구천(句踐)으로, 오나라의 맹렬한 기세에 눌린 월나라 군대는 양국의 접경지대에 있는 회계산(會稽山)에서 굴욕적인 강화조약을 맺어야 했다. 이때 구천은 범려의 조언에 따라 빼어난 미인인 서시(西施)를 부차에게 바치면서 항복을 청했고, 부차는 오자서의 맹렬한 반대를 무릅쓰고 이를 받아들였다.

이때 구천은 오나라에 인질로 끌려가서 부차의 하인이 되어 열심히 섬기는 등 치욕적인 세월을 보내야 했다. 그렇게 오랫동안 노력한 끝에 부차의 방심을 이끌어 냈고, 마침내 월나라로 돌아올 수 있었다. 오자서를 비롯한 참모들이 구천을 살려주면 반드시 화근이 될 것이라며 뜯어말렸지만 부차는 끝내 구천을 용서했다.

월나라로 돌아온 구천은 이때의 억울함을 잊지 않기 위해 방에 쓸개를 매달고 매일 그것을 핥았다. 쓸개의 쓰디쓴 맛을 통해 치욕을 잊지 않겠다는 다짐을 마음에 새겼다.

이것이 바로 와신상담(臥薪嘗膽)이라는 고사이다. 부차가 복수를 다짐하며 장작더미 위에서 잠을 잤고, 구천은 쓸개를 핥으며 절치부심했던 일에서 나온 이 말은 원수를 갚거나 실패한 일을 다시 이루기 위해 굳은 결심을 하며 어려움을 견디는 것을 이른다.

20년 후, 구천은 범려와 문종의 도움을 받으며 착실히 국력을 기르면서 호시탐탐 침략의 기회를 엿보았다. 그러던 중에 구천은 부차가 먼 길을 떠났다는 소식을 접하고 속전속결로 침략을 결행하게 된다. 구천의 군대가 오나라의 황태자를 죽이고 대궐을 짓밟아 버리자 부차가 황급히 돌아왔지만 월나라를 이기기에는 역부족이었다.

어이없이 패한 부차는 끝내 스스로 목숨을 끊었다. 이렇게 오나라를 멸망시킨 구천은 마침내 중원의 패자가 되었다. 오랜 숙적 관계는 그렇게 수많은 피를 흘린 끝에 종착에 이른 것이다. 이때가 BC 473년으로, 월나라는 단순히 중국 대륙 동남쪽에 위치한 소국이 아니라 일약 중원의 패자로 도약하게 된 것이다.

그 후, 구천은 핵심 참모인 범려와 문종을 각각 상장군과 승상에 임명하며 계속 함께 할 것을 권했다. 그러나 범려는 이를 사양한다. 이때 범려는 문종에게 이런 말을 했다고 한다.

"구천 같은 사람은 집념이 강해서 한 번 마음에 품은 것은 기어이 이루고 말지만, 시기심이 많아서 고통을 함께 나눌 수는 있어도 안락은 함께 누릴 수 없다."

범려는 다른 나라로 떠나면서 문종에게 이렇게 충고했다고 한다. "새 사냥이 끝나면 좋은 활은 감추어지고, 교활한 토끼를 잡고 나면 사냥개를 삶아 먹는다(兎死狗烹)."

한신이 유방에게 내뱉었던 토사구팽이란 말이 여기서도 등장한다. 문종은 마지막까지 떠나기를 주저하다가 얼마 뒤에 구천에게 반역의 의심을 받은 끝에 자결하고 말았다. 범려는 제나라로 건너가 상업에 종사하여 거금을 벌어들였고, 중국 역사에 남는 상인의 원조라는 별명을 얻었다.

역사는 중국 대륙에서도 오지에 속하는 월나라가 중원의 패자가 될 수 있었던 이유를 이렇게 쓰고 있다. "외지고 먼 나라지만 위엄으로 천하를 움직이고, 강함으로 중원의 각국을 쳐부순 것은 다른 까닭이 아니라 믿음 때문이었다." 구천은 BC 465년에 파란만장한 일생을 마감했고, 그 뒤 월나라는 차츰 소멸되어 갔다.

눈앞의 이익에 정신이 팔려 후에 닥칠 위험을 모르고 있다가 큰 재앙을 겪는
다는 뜻.

매미 뒤에 사마귀, 사마귀 뒤에 참새

오나라 왕 부차가 월나라를 집어삼킨 후 자만에 빠져 충신 오자서
를 죽이고 미녀 서시에게 빠져 지낼 때였다. 월나라 구천이 절치부
심하며 재기를 노리고 있다는 사실을 아는 중신들이 아무리 간언
을 해도 부차는 막무가내였다. 어느 날 태자 우(友)가 옷이 흠뻑 젖
은 채 활을 들고 부차 앞에 나타났다. 부차가 연유를 묻자 태자가
답했다.

"아침에 뒤뜰에 나갔더니 높은 나뭇가지에 매미가 앉아 울고 있었
습니다. 그 뒤를 보니 사마귀가 매미를 잡아먹으려고 노리고 있었습
니다. 그때 참새가 날아와 사마귀를 잡아먹으려고 노리는데, 사마귀는
전혀 알아채지 못했습니다. 제가 참새를 향해 활시위를 당겼는데, 그
만 활을 쏘는 데 정신이 팔려 웅덩이에 빠지고 말았습니다. 그래서 옷
이 이렇게 젖었습니다."

부차는 아들이 무엇을 말하는지 알기에 벌컥 화를 내며 당장 물리
쳤다. 아들과 중신들의 충심에서 우러난 간언을 듣지 않은 부차는 결
국 구천의 공격을 받아 자결했고, 나라마저 망하고 말았다.

동의어 당랑박선(螳螂搏蟬), 당랑재후(螳螂在後), 소탐대실(小貪大失).

039	**도행역시** 倒行逆施	倒 거꾸로 도 行 다닐 행 逆 거스를 역 施 베풀 시

순리에 따르지 않고, 정상적인 원칙을 벗어나 억지로 행함.

해는 저물고 갈 길은 너무 멀기에

오자서는 원래 초나라 사람이었지만 평왕이 간신들의 모함에 따라 그의 아버지와 형을 죽이고 그마저도 죽이려고 하자 오나라로 도망쳤다. 그 뒤 합려를 도와 초나라를 치게 된 오자서가 승전을 거둔 뒤에 이미 죽은 평왕의 무덤을 찾아 파헤치고는 시체에 300번이나 매질을 하여 과거의 원한을 풀었다.

이때 오자서의 친구인 신포서가 오자서에게 편지를 보내 그의 가혹한 복수를 꾸짖었다. 이에 오자서가 이런 답신을 보냈다. "해는 저물고 갈 길은 멀어서, 도리에 어긋나는 줄은 알지만 조급한 나머지 부득이하게 순리에 거스르는 행동을 한 것이다."

오자서가 남긴 '해는 저물고 갈 길은 멀다'는 말은 '일모도원(日暮途遠)'으로, 몸은 늙고 쇠약한데 아직도 해야 할 일이 많다는 뜻을 표현하고 있다.

同 같을 동 病 병 병 相 서로 상 憐 불쌍히 여길 련	**동병상련** 同病相憐 **040**

같은 병을 앓는 사람끼리 서로 가엾게 여김.
어려운 처지에 있는 사람끼리 서로 동정하고 돕는다는 말.

같은 병을 앓게 되면 서로 불쌍히 여겨

합려가 오나라 왕이 되었을 때, 대부 오자서가 초나라에서 망명해
온 백비를 천거하여 함께 정치를 하게 되었다. 오자서 역시 초나라
평왕에게 아버지와 형을 잃고 오나라로 건너온 터라 백비와 똑같
은 원한을 갖고 있었다. 그때 함께 대부에 오른 사람이 백비에 대
해 의문을 제기하며 오자서에게 물었다.

"그를 한 번만 보고 어떻게 신용합니까?" 이에 오자서가 대답했다.
"같은 병을 앓게 되면 서로 불쌍히 여겨 한 가지로 걱정하고 서로 구
해준다(同病相憐 同憂相救)는 말도 있지 않소?"

그러나 몇 년 후, 오자서는 백비를 조심하라는 주변의 충고를 듣지
않았다가 월나라에 매수된 백비의 참언으로 구천에게 죽임을 당하고
말았다.

동의어   동기상구(同氣相求), 동유유상종(類類相從), 초록동색(草綠同色).

041	**오월동주** 吳越同舟	吳 오나라 오 越 월나라 월 同 같을 동 舟 배 주

오나라 사람과 월나라 사람이 같은 배를 탐.
곤란한 처지가 되면 원수지간이라도 협력하게 된다는 뜻.

원수끼리 배를 타고 가다가 풍랑을 만나면

《손자(孫子)》에 나오는 말이다. 손자는 오랜 숙적 관계인 오나라와 월나라의 관계에 대해 이렇게 말했다. "오나라와 월나라는 원수처럼 서로 미워하는 사이였지만, 만약 그들이 같은 배를 타고 바다를 건너다 풍랑을 만난다면 오히려 오른손과 왼손의 관계처럼 도울 것이다."

동의어 동주상구(同舟相救), 동주제강(同舟濟江).

臥 누울 와	**와신상담**	042
薪 섶 신	臥薪嘗膽	
嘗 맛볼 상		
膽 쓸개 담		

섶에 누워 쓸개를 씹음.
복수를 위해 온갖 고통을 참고 견딘다는 뜻.

복수를 위해서라면 어떤 고통도 참을 수 있다

오나라 합려와의 평생에 걸친 싸움 끝에 월나라의 윤상이 한을 품고 죽자, 보위를 이어받은 아들 구천이 후에 오나라를 침략하여 합려를 죽음의 문턱까지 몰아세움으로써 아버지의 원한을 갚았다. 죽음을 앞둔 합려는 아들 부차에게 반드시 복수하라는 유언을 남겼는데, 이때부터 부차는 아버지의 말을 잊지 않으려고 장작더미 위에서 잠을 자고, 신하들에게는 자신의 방을 드나들 때마다 아버지의 유언을 큰소리로 외치게 하는 등 절치부심했다.

이런 이야기를 전해들은 구천은 책사 범려의 만류에도 불구하고 부차를 우습게 여기고 섣불리 공격을 감행했다가 복수심에 불타는 월나라 군대에 패하여 회계산으로 도망쳤다. 한참을 쫓기던 구천은 더 이상 갈 곳이 없자, 부차에게 신하가 되겠노라며 항복했다. 이때 부차의 참모 오자서가 후환을 남기지 않으려면 구천을 당장 죽여야 한다고 간언했으나 부차는 그를 용서하고 풀어주었다.

고국으로 돌아온 구천은 옆에 쓸개를 놔두고 앉으나 서나 그것을 핥으면서 패배의 치욕을 되씹었다. 그로부터 20년 후, 마침내 구천이 부차를 굴복시키고 전날의 굴욕을 씻음으로써 물고 물리는 복수전의 대미를 장식했다. 부차는 끝내 자결했고, 구천은 천하의 패자가 되었다.

동의어 절치액완(切齒扼腕),

55

O43	**장경오훼** 長頸烏喙	長 길 장 頸 목 경 烏 까마귀 오 喙 부리 훼

사람의 관상이 목이 길고, 입은 까마귀 부리 같이 뾰족한 모습을 일컫는 말.

고통을 함께해도 안락은 함께 누릴 수 없는

월나라의 재상 범려가 평한 월나라 왕 구천의 관상으로, 이런 얼굴은 집념이 강해서 한 번 마음에 품은 것은 기어이 이루고 말지만 시기심이 많아서 고통을 함께 나눌 수는 있어도 안락은 함께 누릴 수 없다고 한다. 실제로 범려는 구천이 천하를 장악한 후에 과감히 벼슬자리를 박차고 나갔다.

제2장

어리석은 자는 원래 후회가 많다

044	**임갈굴정** 臨渴掘井	臨 임할 림(임) 渴 목마를 갈 掘 팔 굴 井 우물 정

'목마른 사람이 샘을 판다'는 속담과 같다.
준비 없이 갑자기 일을 당해 허둥대며 애를 쓴다는 뜻.

어리석은 자는 본래 후회가 많다

노나라 소공이 권력을 잃고 제나라로 피신했을 때, 제나라 경공이 몰락한 이유를 묻자 이렇게 답했다. "그동안 충신을 등용하지 않고 간신과 소인배만 가까이했기 때문입니다."

경공은 그가 잘못을 깊이 뉘우치고 있다고 보고 재상 안영에게 말했다. "우리가 소공이 노나라로 돌아가도록 도와주면 장차 훌륭한 군주가 되지 않겠소?" 이에 안영이 말했다.

"어리석은 자는 본시 후회가 많은 법입니다. 물에 빠진 자는 수로를 살피지 않았기 때문이며 길을 잃은 자는 길을 다른 사람에게 묻지 않았기 때문입니다. 물에 빠지고서야 수로를 찾고, 길을 잃고서야 길을 묻는 것은 목이 말라서야 급히 우물을 파는 것과 같으니 (臨渴掘井) 아무리 서두른다 해도 이미 때가 늦은 것입니다."

《안자춘추(晏子春秋)》

동의어 갈이천정(渴而穿井), 임경굴정(臨耕掘井).

綱 벼리 강 擧 들 거 目 눈 목 張 베풀 장	**강거목장** 綱擧目張

원칙을 들면 세세한 목록이 저절로 밝혀진다.
어떤 일의 핵심을 정확하게 알고 이해한다는 뜻.

일의 핵심을 알면 나머지는 저절로 풀린다

후한의 유학자인 정현(鄭玄)이 지은 시의 한 구절인 '하나의 벼리를 들면 만 개의 그물코가 모두 펼쳐진다(擧一綱而萬目張)'에서 유래한 말이다.

강(綱)은 그물의 벼리, 목(目)은 그물코를 가리키는 말로 큰 벼리를 한 번만 들어 올려도 수많은 그물코가 저절로 펼쳐지듯이 일이나 글의 중심을 정확히 알면 나머지는 저절로 이루어진다는 뜻이다.

정현의 〈시보(詩譜)〉

해설 벼리는 고기 잡는 그물의 코를 꿰어 그물을 잡아당길 수 있게 하는 동아줄을 말한다. 일이나 글에서 뼈대가 되는 줄거리를 뜻하는 말로도 사용된다.

046	**혈구지도** 絜矩之道	絜 헤아릴 혈 矩 곱자 구 之 어조사 지 道 길 도

자신의 처지를 미루어 남의 형편을 헤아리다.

앞에서 싫어하는 것을 뒷사람 앞에 놓지 말고

위에서 싫어하는 것으로 아랫사람을 부리지 말며, 아래에서 싫어하는 것으로 윗사람을 섬기지 말라. 앞에서 싫어하는 것을 뒷사람 앞에 놓지 말고, 뒤에서 싫어하는 것으로 앞사람을 따르게 하지 말라. 오른쪽에서 싫어하는 것으로 왼쪽과 사귀지 말며, 왼쪽에서 싫어하는 것으로 오른쪽과 사귀지 말라.   《대학》

동의어 추기급인(推己及人).

해설 목수가 집을 지을 때 사용하는 도구로 '곱자'라는 것이 있다. 나무나 쇠를 재료로 하여 90도 각도로 만든 것인데, 곱자를 가지고 길이를 재는 것을 '혈구'라 한다. 목수들이 곱자를 가지고 정확하게 치수를 재듯이 남의 처지를 자세히 헤아리는 것을 '혈구지도'라 한다.

功 공 공	
虧 이지러질 휴	**공휴일궤**
一 한 일	功虧一簣
簣 삼태기 궤	

산을 쌓아올리는 데 한 삼태기의 흙이 부족해서 완성을 보지 못하다.
거의 다 이뤄진 일을 막판에 멈추는 바람에 오랜 노력이 쓸모없어진다는 뜻.

한 삼태기의 흙이 부족해 산이 무너지다

주나라 무왕의 동생인 소공이 왕과 신하들이 나라를 세운 후에 혹
시 방심한 나머지 정치를 등한히 할까 염려하여 이렇게 조언했다.
"아홉 길의 산을 만드는 데 있어 모든 일이 한 삼태기로 무너질까
두렵습니다(爲山九仞 功虧一簣)." 《서경》

해설 《서경》은 오경 중의 하나로 고대 중국의 정치를 기록한 유교 경전이다. 오경에는
《역경》, 《서경》, 《시경》, 《예기》, 《춘추》가 있다. 한편 사서는 《논어》, 《대학》, 《중
용》, 《맹자》를 가리킨다.

048	거일반삼 擧一反三	擧 들 거 一 한 일 反 돌이킬 반 三 석 삼

한 가지 일로 다른 모든 것을 헤아릴 정도로 영리하다.

배우려는 열의가 없으면 이끌어주지 않는다

공자께서 말씀하셨다. "배우려는 열의가 없으면 이끌어주지 않고, 표현하려고 애쓰지 않으면 일깨워주지 않으며, 한 모퉁이를 들어 보였을 때 나머지 세 모퉁이를 미루어 알지 못하면 반복해서 가르쳐주지 않는다(擧一隅 不以三隅反 則不復也)." 《논어》

해설 《논어》〈술이〉 편에 나온다. 진정한 학생은 배우고 표현하는 열의, 그리고 그렇게 공부하여 깨치고 난 후에 하나에 그치지 않고 배운 것 너머에 있는 것까지 두루 생각해내는 사람이어야 한다는 가르침이다.

牽 끌 견 强 억지로 시킬 강 附 붙을 부 會 모을 회	**견강부회** 牽强附會

이치에 맞지 않는 말을 끌어다 억지로 자기의 조건에 맞추다.

얼토당토않은 일을 억지로 우기다

'견강'은 이치에 맞지 않는 것을 억지로 끌고 가는 것을 말하고, '부회'는 퍼즐조각을 일일이 맞추는 것처럼 억지로 갖다 붙이는 것을 말한다. 얼토당토않은 말이나 행위를 억지로 맞는다고 우기는 사람을 가리켜 하는 말이다.

《얼해화(孽海花)》

동의어 수석침류(漱石枕流), 아전인수(我田引水), 영서연설(郢書燕說), 추주어륙(推舟於陸).

해설 동의어 '추주어륙'은 물이 없는 육지에서 억지로 배를 밀고 가려 한다는 뜻으로, 어떤 일을 억지스러운 고집불통으로 실행하려 할 때 쓰는 표현이다.

050	도방고리 道傍苦李	道 길 도 傍 곁 방 苦 괴로울 고 李 오얏 리

사람들에게 시달림을 당하며 길가에 서 있는 오얏나무.
남에게 버림받은 존재를 뜻한다.

길가의 나무에 저렇게 많은 열매가 남았다면

죽림칠현의 한 사람인 왕융이 어렸을 때 동네 아이들과 놀다가 길
가의 오얏나무가 가지가 휘어질 만큼 많은 열매를 매달고 서 있는
걸 발견했다. 그런데 아이들이 열매를 따 먹으려고 우르르 몰려가
는데도 왕융만은 잠자코 서 있었다. 지나던 사람이 이유를 묻자,
왕융이 대답했다.

"뭇사람의 시달림을 받으며 길가에 서 있으면서도(道傍苦李) 저
렇게 많은 열매가 남아 있다면 틀림없이 써서 먹지 못할 것입니
다." 아이들이 열매를 먹어보니 과연 왕융의 말대로 몹시 써서 먹
을 수 없었다. 《세설신어(世說新語)》

해설 '죽림칠현'이란 진나라 초기에 노자와 장자의 무위사상을 숭상하며 죽림에 모여 청
담(淸談, 세속적이지 않은 고상한 이야기)으로 세월을 보낸 일곱 명의 선비들을 말한다.
산도, 왕융, 유영, 완적, 완함, 혜강, 상수가 그들이다.

| 矛 창 모
盾 방패 순 | **모순**
矛盾 | 051 |

말이나 행동의 앞뒤가 서로 일치되지 않는다.

무엇이든 막아내는 방패, 무엇이든 뚫어버리는 창

초나라에 창과 방패를 파는 장사꾼이 있었는데, 어느 날 그가 방패를 들고 외쳤다. "이 방패는 아주 견고해서 어떤 창이라도 막아낼 수 있습니다." 잠시 후, 이번에는 창을 들고 나와 소리쳤다. "이 창은 몹시 예리해서 어떤 방패라도 단번에 뚫어버립니다." 그러자 구경꾼들이 말했다. "그 창으로 방패를 찌르면 어찌 되는 거요?" 장사꾼은 할 말을 잃고 말았다. 《한비자(韓非子)》

해설 《한비자》〈난일〉편에 나온다. 자신의 말이나 행동이 앞뒤가 맞지 않아 일치하지 않는다는 뜻을 가진 '자가당착(自家撞着)'과 같은 말이다. 한비자는 '모순'에 대해 말하면서 이렇게 끝을 맺었다. "무릇 뚫리지 않는 방패와 뚫지 못하는 것이 없는 창은 이 세상에 양립할 수 없다(夫不可陷之盾與無不陷之矛 不可同世而立)."

	엄이도종	掩 가릴 엄
O52	掩耳盜鐘	耳 귀 이
		盜 도둑 도
		鐘 쇠북 종

귀를 막고 종을 훔치다. 자기만 듣지 않으면 남도 못 듣는다고 생각하는 어리석은 행동이나 잔꾀를 부려 남을 속이려 하는 행동을 일컫는 말.

누가 소리를 들을까 봐 자기의 귀를 막다

진나라에서 높은 벼슬을 지낸 사람이 망하자 도둑이 그의 집에 있는 종을 훔치러 들어갔다. 하지만 종이 너무 무거워 도저히 가져갈 수 없었다.

이에 도둑은 깨뜨려서 갖고 가면 되겠다고 생각하고 망치로 내려쳤다. 그러자 종이 요란한 소리를 냈고, 도둑은 누가 그 소리를 들을까 봐 재빨리 자기의 귀를 막았다. 자기만 듣지 않으면 남도 듣지 못하리라고 여긴 것이다.

《여씨춘추(呂氏春秋)》

동의어 　엄목포작(掩目捕雀), 엄이도령(掩耳盜鈴), 엄이투령(掩耳偸鈴).

해설 　《여씨춘추》는 진나라의 재상 여불위가 주도하여 편찬한 백과사전으로, 진나라 장양왕의 즉위에 공을 세우고 시황제 초기까지 재상으로 재임했던 여불위가 식객 3,000명에게 저술을 맡겨 편찬했다고 한다.

庖 부엌 포		
丁 사내 정	**포정해우**	**053**
解 풀 해	庖丁解牛	
牛 소 우		

장인(丈人)의 뛰어난 손기술.

눈을 감고도 칼질을 할 수 있다

위나라에 포정이라는 백정이 있었다. 어느 날 그가 혜왕 앞에서 소를 잡았는데 순식간에 완벽하게 뼈와 고기를 분리해내어 사람들을 놀라게 했다. 포정이 감탄하는 왕에게 말했다.

"처음 이 일을 시작했을 때는 소를 보면 겉모습만 보였는데 3년이 지나자 뼈와 근육이 보였고, 19년이 된 지금은 눈을 감고도 칼질을 할 수 있어 칼날이 뼈와 부딪치지 않고도 가죽과 고기를 도려낼 수 있게 되었습니다."

포정의 말에 혜왕은 참된 도가 여기 있다며 탄복했다. 《장자》

해설 비록 소를 잡아 해체하는 직업일지라도 자기 분야에서 최고 경지에 올라 자부심을 갖고 일하는 사람을 보고 일국의 군주가 '참된 도'가 여기 있다고 감탄하고 있다. 공자와 함께 도를 논하고, 인의와 예를 말하던 제자들 중에는 대부분 비천한 신분인 사람이 많았다. 도를 놓고 논하는 자리에 귀천이 없다는 뜻일 것이다.

054	망매지갈 望梅止渴	望 바랄 망 梅 매화 매 止 그칠 지 渴 목마를 갈

매실은 신맛 때문에 생각만 해도 침이 돌아 해갈이 된다.
공상으로 마음의 위안을 얻는 것을 일컫는 말.

생각만으로 마음의 위안을 얻다

유비가 조조에게 몸을 의탁하고 있을 때, 하루는 조조가 유비에게
말했다.

"우리 군대가 장수(張繡) 지역을 정벌할 때, 행군 도중에 물이
떨어져 고통이 심했는데 내가 병사들에게 이렇게 말했소. '저 앞에
매실나무 숲이 있는데, 그 매실은 매우 시고도 달아 목을 축이기에
충분할 것이다. 그러니 잠시만 참아라!' 이 말에 병사들은 매실의
신맛을 생각하고 입안에 침이 돌아 갈증을 잊게 되었소(望梅止渴).
그리고 오래지 않아 물이 있는 곳을 찾아 갈증을 풀 수 있었다오."

《삼국지연의》

동의어　망매해갈(望梅解渴), 매림지갈(梅林止渴).

同 같을 동 黨 무리 당 伐 칠 벌 異 다를 이	**동당벌이** 同黨伐異 **055**

같은 의견을 가진 패거리끼리는 시비곡절을 따지지 않고 하나가 되고, 다른 의견을 가진 사람은 멀리하다.

나와 의견이 다르면 무조건 적으로 돌린다

후한시대 말기의 혼란한 정치상황 속에서 환관, 외척세력, 당인(黨人)들이 벌인 극심한 당파싸움을 가리키는 말이다. 이들은 옳고 그름을 떠나 자기들과 생각이 다른 사람은 무조건 배척하며 적으로 돌리는 등 극심한 반목과 대립을 일삼았는데, 이런 폐단은 결국 후한시대의 몰락을 불러왔다.

《후한서》

해설   후한 말기는 어린 황제들이 연이어 즉위하면서 외척과 환관 세력이 정치를 어지럽히는 등 혼란이 계속되었다. 이에 농민들의 생활이 극도로 어려워지자 사방에서 반란이 일어났다. 그중에서도 특히 '태평도(太平道)'라는 신앙으로 똘똘 뭉친 황건적이 전국을 휩쓸면서 나라의 혼돈은 더욱 가중되었다. 이런 혼란 끝에 후한은 끝내 멸망하고 말았다.

056	일이관지 一以貫之	一 한 일 以 써 이 貫 꿸 관 之 이 지

하나로써 그것을 꿰뚫는다.
하나의 이치로 전체를 막힘없이 관통한다는 뜻.

하나의 이치로 전체를 관통한다

공자께서 증자에게 말씀하셨다. "나의 도는 하나의 이치로 관통된
다(一以貫之)." 이에 증자가 "예" 하고 주저 없이 대답했다. 공자께
서 나가시자 제자들이 물었다. "무슨 말씀이십니까?" 증자가 대답
했다. "스승님의 도는 충(忠)과 서(恕)일 뿐이라는 말씀입니다."

《논어》

동의어 시종일관(始終一貫), 일관(一貫), 초지일관(初志一貫).

해설 《논어》〈이인〉 편에 나온다. 여기서 말하는 '서(恕)'는 참된 마음으로 다른 사람의 입
장을 헤아려서 배려하는 정신을 가리킨다. '서'는 공자가 평생 화두로 삼은 말로, 말
그대로 용서한다는 것이다. 증자 역시 스승의 학문을 후세에 전하면서 충서(忠恕),
즉 '진실한 용서'를 강조했다.

공자천주
孔子穿珠

현명한 사람도 자기보다 못한 사람에게 배울 점이 있다.

무지몽매한 아낙네가 한 수 가르치다

공자가 진나라를 지나갈 때 어떤 사람한테 진귀한 구슬을 얻었다. 그런데 아홉 구비로 구부러진 구슬의 구멍에 아무리 애를 써도 실을 꿸 수가 없었다. 때마침 뽕밭에서 일하는 여인에게 방법을 아는지 묻자, 여인이 대수롭지 않게 말했다. "꿀단지를 놓고 찬찬히 생각해보세요."

여인의 말을 곰곰이 생각하던 공자는 무릎을 탁 쳤다. 공자는 개미 한 마리를 잡아 허리에 실을 묶고는 구슬의 반대쪽 구멍에 꿀을 발라놓았다. 잠시 뒤, 구멍을 통과한 개미가 기어 나왔다. 시골의 무지몽매한 아낙네가 천하의 공자에게 한 수 가르쳐준 것이다.

《조정사원(祖庭事苑)》

동의어 불치하문(不恥下問).

058	**곡돌사신** 曲突徙薪	曲 굽을 곡 突 굴뚝 돌 徙 옮길 사 薪 땔나무 신

화재를 미리 방지하기 위해 굴뚝을 꼬불꼬불하게 하고, 아궁이 부근의 나무를 다른 곳으로 옮겨놓다. 환란을 미리 예방한다는 뜻.

닥쳐올 환란에 미리 대비하는 지혜

한나라 때 어떤 사람이 어느 집 앞을 지나다가 굴뚝이 너무 반듯하게 세워져 있고 부근에 땔나무가 잔뜩 쌓여 있는 걸 보았다. 그가 주인에게 말했다. "굴뚝을 꼬불꼬불하게 만들고, 땔나무는 다른 곳으로 옮기십시오(曲突徙薪)."

하지만 주인은 그 말을 귀담아듣지 않았다. 그러던 어느 날 그 집에 큰 불이 났다. 마을 사람들이 급히 달려와 불을 꺼주자 주인이 사람들에게 고마움의 표시로 잔치를 베풀었다. 이때 한 사람이 말했다. "그때 당신이 행인의 말을 들었더라면 불이 날 일도 없고, 이렇게 잔치를 베풀며 돈을 쓸 일도 없을 것이오. 그 행인의 충고는 무시하고, 우리를 귀하게 대접하니 앞뒤가 맞지 않는 일이오."

《한서》

동의어 유비무환(有備無患).

구맹주산
狗猛酒酸

주막집의 개가 사나우면 술이 시어진다.
대궐에 간신배가 들끓으니 어진 신하들이 모이지 않는다는 뜻.

그 주막집에 손님이 없는 까닭

송나라 어느 고을의 술집은 주인이 술을 만드는 재주가 뛰어나고 항상 양을 속이지 않고 정직하게 팔아서 항상 문전성시를 이루었다. 그런데도 언젠가부터 다른 주막들보다 술이 잘 팔리지 않아 이상하게 여긴 주인이 마을의 노인을 찾아가 연유를 물었다. 노인이 그에게 물었다.

"자네 집의 개가 사나운가?"

"그렇습니다만, 개가 사나운 것과 술이 안 팔리는 것과 무슨 관계가 있습니까?"

"사람들이 개가 무서워 출입을 하지 않으니 자연히 술이 남아돌아 시어질 테고, 그러니 팔리지 않는 거라네."

한비자는 이 같은 예를 들어 충신들이 아무리 옳은 정책을 임금에게 간언해도 대궐 안에 사나운 간신배가 있으면 불가능함을 강조했다.　　　　　　　　　　　　　　　　　　　　　《한비자》

| 060 | **용관규천**
用管窺天 | 用 쓸 용
管 대롱 관
窺 엿볼 규
天 하늘 천 |

대롱을 통해 하늘을 보다.
소견이나 견문이 매우 좁다는 뜻.

대롱을 들고 하늘을 보는 것과 같다

주나라의 명의 편작이 괵나라에 갔을 때, 방금 태자가 죽었다는 말을 들었다. 그런데 어의를 만나 태자의 병에 대해 전해 들은 편작이 고개를 갸웃거리며 말했다. "내가 태자를 소생시켜보겠소."

어의가 자신의 판단을 믿지 않는 편작의 처사에 화를 내자, 그가 이렇게 대꾸했다. "당신의 의술은 대롱을 들고 하늘을 보는 것과 같아서 전체를 살폈다고 볼 수 없소(用管窺天). 태자는 아직 죽지 않았다고 확신하오." 태자의 병세 중에 극히 일부분만을 보고 사망선고를 내렸다는 일갈이었다.

잠시 후, 편작이 태자의 몸 이곳저곳에 침을 놓자 숨을 길게 몰아쉬며 살아났다. 얼마간의 치료 끝에 태자가 일어나서 거동할 수 있게 되자, 온 나라에 편작이 죽은 사람도 살려냈다는 소문이 퍼졌다. 이에 편작이 말했다. "나는 죽은 사람을 소생시킨 게 아니라 아직 죽지 않은 사람을 고친 것뿐입니다." 《장자》

동의어 이관규천(以管窺天), 정중지와(井中之蛙).

정저지와
井底之蛙

'우물 안의 개구리'라는 속담과 같다.
생각이나 견문이 몹시 좁은 사람을 일컫는 말.

우물 안 개구리는 바다를 말할 수 없다

황하의 신 하백은 드넓은 강의 주인으로서 자신이 세상에서 가장 큰 물의 신이라고 믿고 있었다. 그러다 난생처음 북해에 와서 드넓은 바다를 보고는 그 광대함에 놀라고 말았다. 그러자 북해의 신 약이 말했다.

"우물 안 개구리(井底之蛙)가 바다를 말할 수 없음은 사는 곳에 구속되었기 때문이며, 여름벌레가 얼음을 말할 수 없음은 한 계절에 고정되어 살기 때문이고, 거짓된 선비가 도에 대해 말할 수 없음은 세속의 가르침에 구속되어 있기 때문이다. 그대는 지금 좁은 개울을 벗어나 큰 바다를 바라보고는 스스로 보잘것없는 존재임을 깨달았으니 이제 비로소 나와 더불어 천하의 진리를 말할 수 있게 되었다." 《장자》

동의어 관견(管見), 야랑자대(夜郎自大), 정중지와(井中之蛙), 좌정관천(坐井觀天).

해설 장자는 춘추시대 송나라 사람으로 이름은 주(周)이다. 도가사상을 계승 발전시킨 인물로, 우언(寓言)으로 가득한 책 《장자》를 펴냈다. 맹자와 비슷한 시대에 활동한 것으로 전해지지만 정확한 생몰 연대는 알려져 있지 않다.

062	**선입지어** 先入之語	先 먼저 선 入 들 입 之 어조사 지 語 말씀 어

먼저 들은 말에 따른 고정관념 탓에 새로운 의견을 받아들이지 않는다.

먼저 들은 말이라고 다 옳은 것은 아니다

전한 애제 때 식부궁이라는 신하가 흉노족의 침략에 대비하여 당장 군대를 변경지역으로 옮겨야 한다고 상소했다. 이에 애제가 승상 왕가를 불러 의논하자, 그가 식부궁의 말이 틀렸음을 조목조목 아뢰면서 이렇게 말했다.

"임금께서는 부디 헛소문을 멀리하시고 노련한 신하들의 말을 귀담아들으십시오. 귀에 먼저 들어온 말이(先入之語) 무조건 옳은 것은 아닙니다." 《한서》

동의어 선입견(先入見), 선입관(先入觀).

狡 교활할 교	
兎 토끼 토	
三 석 삼	
窟 구멍 굴	

교토삼굴
狡兎三窟

영리한 토끼는 도망갈 구멍을 셋이나 파놓는다.
사람도 위기에 처하기 전에 미리 준비해야 한다는 뜻.

위기에 처하기 전에 미리 대책을 세워라

제나라의 재상 맹상군이 군주의 버림을 받고 실의에 찬 나날을 보내고 있을 때, 그 많던 식객들이 모두 떠나고 옆에 풍환만이 남게 되었다. 그가 맹상군의 재기를 돕기 위해 이렇게 말했다.

"영리한 토끼는 구멍을 세 개를 뚫고 만일의 사태에 대비합니다(狡兎三窟). 제가 경을 위해 세 개의 굴을 만들어 드리겠습니다."
그 뒤 맹상군은 풍환이 마련한 계책에 따라 재기에 성공했고, 각 나라에서 서로 먼저 모셔가려고 하는 등 예전의 명성을 되찾게 되었다. 《사기》

064	**망양보뢰** 亡羊補牢	亡 잃을 망 羊 양 양 補 기울 보 牢 우리 뢰

'소 잃고 외양간 고친다'는 속담과 같다.
어떤 일에 낭패를 본 뒤에야 그 일에 대비한다는 뜻.

소를 잃고 외양간을 고쳐도 늦지 않다

초나라의 대신 장신이 양왕에게 간신배들을 멀리하고, 왕 또한 사치한 생활을 멈추고 국사에 전념할 것을 간언했다. 하지만 양왕은 도리어 폭언을 퍼부으며 장신을 외면했다. 이에 장신은 초나라를 버리고 조나라로 갔는데, 얼마 뒤 진나라가 초나라를 침공하여 양왕이 황급히 다른 나라로 망명하는 처지가 되었다.

양왕은 그제야 장신의 간언이 옳았음을 깨닫고 그에게 사람을 보내 이제 어찌해야 할지 물었다. 이에 장신이 답했다. "토끼를 보고 나서 사냥개를 불러도 늦지 않고, 양이 달아난 뒤에 우리를 고쳐도(亡羊而補牢) 늦지 않습니다."

초나라가 비록 작지만 다시 힘을 기울이면 얼마든지 재기할 수 있다는 충언이었다. 이후 정신을 차린 양왕은 국가 재건에 힘써 초나라를 전국칠웅의 하나로 만들었다. 《전국책》

동의어 만시지탄(晩時之歎), 실우치구(失牛治廐).

반의어 곡돌사신(曲突徙薪), 안위거사(安危居思).

得 얻을 득
隴 고개이름 롱
望 바랄 망
蜀 나라이름 촉

득롱망촉
得隴望蜀

농나라를 얻고 촉나라까지 갖고자 하다.
사람의 욕심은 끝이 없다는 뜻.

사람이 만족하기란 쉽지 않지만

유비가 지배하던 한중 땅을 수중에 넣은 조조에게 사마의가 아뢰었다. "여기서 조금만 더 진격하면 촉나라의 본거지까지도 빼앗을 수 있습니다." 그러자 조조가 사마의의 제안을 묵살하며 이렇게 말했다. "사람이 만족하기란 쉽지 않지만 이미 농나라를 얻었으니 촉나라까지 바라는 것(得隴望蜀)은 지나친 욕심이다." 《후한서》

동의어 거어지탄(車魚之歎), 계학지욕(谿壑之慾).

해설 여기서 말하는 촉나라는 유비가 세운 '촉한(蜀漢)'을 말한다. 후한 말기의 혼란 속에서 군웅이 할거하던 때에 유비가 한나라 황실의 후예라는 정통성을 내세워 황제임을 선언하고 세운 나라로 지금의 쓰촨성(泗川省) 지역에 자리했다. 역사상 구분을 위해 촉한이라 부르거나 그냥 촉으로 부르기도 한다.

066	## 전거후공 前倨後恭	前 앞 전 倨 거만할 거 後 뒤 후 恭 공손할 공

처음에는 거만하다가 나중에는 공손하게 행동하다.
상대의 처지에 따라 태도가 변한다는 뜻.

나는 예전과 똑같은 몸인데

제나라의 소진은 젊은 시절에 큰 뜻을 품은 인재였지만 누구도 알아주지 않았고, 심지어 일가친척으로부터도 업신여김을 당하는 신세였다.

그러다 주변 6개국에게 함께 힘을 합쳐 강대국 진나라에 대항하자는 합종책을 건의하여 받아들여지자 일약 여섯 나라의 재상을 겸하는 벼락출세를 하게 되었다. 이에 그토록 멸시하던 일가친척들이 감히 처다보지도 못할 정도로 공손해지자 소진이 이렇게 탄식했다.

"나는 예전과 똑같은 몸인데 전에는 나를 가볍게 보고 업신여기더니 내가 부귀해지니 일가친척도 두려워하며 공경한다(前倨後恭). 하물며 세상 사람들이야 더 말할 것이 없겠구나." 《사기》

可 좋을 가		
欺 속일 기	**가기이방**	**067**
以 써 이	可欺以方	
方 방법 방		

어떤 사람이라도 그럴듯한 방법으로 속일 수 있다.

제아무리 지혜로운 군자도 교활한 자들에게는

정나라의 재상 자산이 물고기를 선물 받았다. 자산은 살아 있는 물고기를 잡아먹을 수 없어 하인에게 연못에 넣어 잘 살게 하라고 일렀다.

하지만 하인이 물고기를 날름 잡아먹고는 태연히 그렇게 했노라 보고하니 자산은 그런 줄만 알았다. 하인이 이웃 사람들에게 말했다. "누가 자산을 지혜 있는 사람이라 하는가? 내가 잡아먹은 것도 모르고 물고기가 연못에 잘 있겠거니 하며 좋아한다." 《맹자》

068	**말대필절** 末大必折	末 끝 말 大 큰 대 必 반드시 필 折 꺾을 절

가지가 크면 줄기가 부러진다.
변방의 힘이 강해지면 나라가 위험해진다는 뜻.

꼬리가 너무 크면 흔들기 어렵다

초나라 영왕이 채나라를 점령한 후에 기질이란 자를 그곳의 제후로 보내며 신하들에게 물었다. "기질에게 채나라 땅을 맡긴 것을 어찌 생각하오?" 그러자 대부 신무우가 대답했다. "나라 안에 큰 성이 있으면 반드시 왕실에 해가 됩니다. 기질은 몹시 음흉한 인물이라 반드시 경계해야 합니다. 가지가 크면 반드시 줄기가 끊어지고(末大必折), 꼬리가 크면 흔들기 어렵습니다."

영왕은 이 말을 듣지 않았고, 10년 후에 세력이 강대해진 기질의 공격을 받고 크게 위험한 지경에 빠지고 말았다. 《춘추좌씨전》

抱 안을 포 薪 섶 신 救 구할 구 火 불 화	**포신구화** 抱薪救火

069

섶을 안고 불을 끄다.
잘못을 고치려고 하는 행동이 오히려 더 큰 잘못을 부르게 된다는 뜻.

땔나무를 안고 불을 끄려는 어리석음

진나라가 주변국들을 무자비하게 공격할 때, 위나라 장수 단간자
가 임금에게 간하기를 차라리 일부 땅을 진나라에 넘겨주고 강화
조약을 맺자고 건의했다. 이에 소대가 말했다.

"설사 화친을 맺더라도 진나라의 침공은 그치지 않을 것입니다.
진나라와 강화조약을 맺는 것은 땔나무를 안고 불을 끄려는 것과
같습니다(抱薪救火)." 위나라 왕은 소대의 간언을 받아들이지 않
고 진나라와 화의를 체결했다가 얼마 후 무자비한 공격을 받고 끝
내 망하고 말았다. 《사기》

동의어 부신구화(負薪救火), 구화투신(救火投薪).

070	**도룡지기** 屠龍之技	屠 죽일 도 龍 용 룡 之 어조사 지 技 재주 기

용을 죽이는 기술.
쓸모없는 재주를 일컫는 말.

용을 잡아 요리하는 기술

주평만이라는 사람이 지리익이라는 자로부터 용을 잡아 요리하는 기술을 배우느라 천금이나 되는 전 재산을 쏟아부었다. 3년 만에 기술을 전수받고 의기양양하게 하산한 주평만은 뒤늦게야 그 기술은 아무짝에도 쓸 데가 없다는 사실을 깨닫게 되었다. 용은 상상 속의 동물이기 때문이다. 결국 쓸모없는 기술을 익히느라 시간과 비용만 허비한 셈이다.

《장자》

해설 《장자》〈잡편〉에서 위 문장에 이어지는 내용은 이렇다. "성인은 반드시 해야 할 일도 꼭 해야 한다고 여기지 않기 때문에 마음속에 다툼이 없다. 세상 사람들은 반드시 해야 할 일도 아닌 것을 꼭 해야 한다고 믿기에 마음속에 다툼이 많다. 마음속에 다툼이 있어 그 행동에 구하는 것이 있고, 마음속의 다툼에 의지하기에 마침내 스스로 죽게 되는 것이다."

見 볼 견 不 아닐 불 如 같을 여 聞 들을 문	**견불여문** 見不如聞

눈으로 직접 보니 들은 것보다 못하다.
알맹이 없는 헛된 명성을 일컫는 말.

직접 본 것이 들은 것보다 못하다

당나라 때 최신명이란 사람은 시문을 좋아하고 자기 작품에 대한
긍지도 남달랐다. 그가 지은 시문을 좋아하는 사람 중에 정세익이
라는 사람도 있었는데, 하루는 두 사람이 우연히 만나 뱃놀이를 하
게 되었다.

　정세익이 최신명에게 신작이 없느냐고 묻자, 최신명이 신이 나
서 작품들을 보여주었다. 그런데 정세익이 몇 작품을 살펴보고는
별다른 말이 없다가 이렇게 중얼거렸다. "직접 본 것이 들은 것에
미치지 못하는구나(所見不逮所聞)." 《당서》

동의어 　견불체문(見不逮聞), 유문무실(有聞無實).

85

072	구밀복검 口 蜜 腹 劍	口 입 구 蜜 꿀 밀 腹 배 복 劍 칼 검

말은 꿀과 같지만 뱃속에는 칼을 품고 있다.
겉으로는 친절하지만 속에는 음흉함이 가득하다는 뜻.

말은 꿀처럼 달콤하지만 뱃속에는 칼이

당나라 현종 때 재상 이임보는 아첨을 잘하는 간신배로 유명했다.
그는 말은 꿀처럼 달콤하게 했지만 성질이 사악하고 음흉해서 정
적은 무슨 죄목이든 뒤집어씌워 숙청했다.

현종은 학문이 뛰어난 인재를 발탁하고자 애를 썼지만 이임보
는 그들이 황제에게 바른 말을 할까 봐 한 사람도 중용하지 않았
다. 세상 사람들은 이임보를 두고 '입에는 꿀이 발라져 있으나 뱃
속에는 칼이 들어 있다(口蜜腹劍)'고 했다.   《자치통감》

동의어   면종복배(面從腹背), 소리장도(笑裏藏刀), 양두구육(羊頭狗肉), 양질호피(羊質虎皮), 표
리부동(表裏不同).

해설   이임보는 당나라 현종 말기의 재상으로 성격이 음흉하고 책략이 많은 간신배였다.
현종으로 하여금 양귀비를 비롯해서 수많은 여자와 향락에 빠지도록 조종한 뒤에
국정을 마음대로 농단했다.

過 지나칠 과 猶 오히려 유 不 아닐 불 及 미칠 급	**과유불급** 過猶不及	O73

지나친 것은 미치지 못한 것과 같다.

정도가 지나치면 부족한 것과 같다

자공이 공자에게 자장과 자하 중에 어느 쪽이 어진 인물인지 묻자 공자께서 말씀하셨다. "자장은 지나치고, 자하는 미치지 못한다." 자공이 또 물었다. "그렇다면 자장이 더 나은 인물이라는 말씀입니까?" 이에 공자께서 말씀하셨다. "지나친 것은 미치지 못한 것과 같다(過猶不及)." 《논어》

동의어 교각살우(矯角殺牛), 교왕과직(矯枉過直).

해설 《논어》〈선진〉 편에 나오는 말이다. 세상의 모든 일은 지나침도 모자람도 없이 적당한 것이 가장 좋다는 의미를 가진 말이다.

074	**기화가거** 奇貨可居	奇 기이할 기 貨 재물 화 可 좋을 가 居 쌓을 거

진기한 물건을 사두어 잘 보관하면 당장은 이익이 되지는 않더라도 장차 큰 이득이 된다.

한 인간의 가치를 알아보는 혜안

진나라의 여불위는 원래 각국을 떠돌며 장사를 하는 거상이었다. 어느 날 여불위가 조나라 수도 한단에 갔을 때, 진나라 소양왕의 손자가 인질로 잡혀와 있다는 사실을 알게 되었다.

여불위는 그의 상품가치를 알아보고는 오랫동안 경제적인 도움을 주며 가까이 지냈다(奇貨可居). 세월이 흐른 뒤, 본국으로 돌아간 그는 왕위를 계승하여 장양왕이 되었다. 장양왕은 오랜 세월 자신을 도와준 여불위를 승상으로 삼고 극진히 모셨다. 《사기》

해설　진나라는 중국 최초의 통일 왕조로 장양왕의 아들이 바로 진시황이다. 장차 왕위에 오를 인물을 알아본 덕분에 승상이 된 여불위는 막강한 권력을 누리다가 진시황에 의해 축출된다.

泰 클 태 山 뫼 산 壓 누를 압 卵 알 란	**태산압란** 泰山壓卵

산을 떠밀어 달걀을 누르고 깨뜨려버리다.
뜻하는 일을 이루기가 아주 쉽다는 뜻.

태산이 달걀을 짓누르듯

제나라의 책사 손혜가 교만하고 포악한 임금에게 염증을 느끼고
병을 핑계로 벼슬에서 물러났다. 그러던 중에 동해왕 사마월이 제
나라를 치려고 군사를 일으키자, 그의 거병에 동조하며 편지를 보
냈다.

"순리에 따라 역리를 토벌하고 정의로움으로 사악함을 정벌하
는 것이니, 이는 태산으로 달걀을 누르고(泰山壓卵) 불타는 들판에
바람이 몰아치는 것과 같은 일입니다."　　　　　　　　　　《진서》

076	**배수거신** 杯水車薪	杯 잔 배 水 물 수 車 수레 거 薪 섶 신

한 잔의 물을 한 수레의 장작불에 끼얹어 불을 끄려고 하다.
역량이 미미하여 큰일을 도모할 수 없는 경우를 비유하기도 한다.

한 잔의 물을 불붙은 장작불에 끼얹다

어진 것이 어질지 않은 것을 이기는 것은 물이 불을 이기는 것과
같다. 오늘날 어진 일을 행하는 사람은 한 잔의 물로 한 수레 가득
실린 땔나무에 붙은 불을 끄려는 것과 같다(杯水車薪).

이로 인해 불이 꺼지지 않으면 물이 불을 이기지 못한다고 말하
니, 이는 심하게 어질지 못한 일로 결국에는 그런 작은 어짊마저
반드시 잃게 될 것이다.   《맹자》

동의어 배수구거(杯水救車), 배수여신(杯水輿薪), 이란격석(以卵擊石).

해설 《맹자》〈고자 상〉 편에 나온다. 어떤 일을 하면서 도저히 능력이 미치지 않아 불가
능한데도 어리석게도 그 일을 계속한다는 뜻이다. 동의어 '이란격석'은 '달걀로 바
위를 친다'는 뜻으로, 터무니없이 무모한 일을 하는 것을 비유하는 말이다.

난형난제
難兄難弟

누가 더 낫다고 할 수 없을 정도로 서로 엇비슷하다.
사물의 우열을 가릴 수 없다는 뜻.

형도 아우도 누가 낫다고 하기 어렵다

후한 말기의 관리 진식이 손자들의 물음에 답하면서 한 말에서 유래했다. 사촌 간인 손자들이 각자 자기 아버지의 출중함을 자랑하다가 할아버지 진식에게 판가름을 해달라고 하자 이에 진식이 두 아들에 대해 이렇게 대답했다. "형이 낫다고 하기도 어렵고 아우가 낫다고 하기도 어렵구나(難爲兄難爲弟)."

《세설신어》

동의어 막상막하(莫上莫下), 백중지세(伯仲之勢).

해설 《세설신어》는 후한시대에서 동진시대에 걸쳐 사대부들의 일화를 기록한 책으로 모두 36편으로 구성되어 있다. 사대부의 생활과 언행을 기록하여 중국사 연구에 중요한 위치를 차지하고 있다.

078	지록위마 指鹿爲馬	指 가리킬 지 鹿 사슴 록 爲 할 위 馬 말 마

사슴을 가리키며 말이라고 하다. 윗사람을 농락하여 권세를 좌지우지하거나 사실이 아닌 것을 사실로 만들어 농간을 부리는 일을 일컫는 말.

사슴을 말이라고 우겨도

진시황제가 죽자 환관 조고가 황제의 조서를 조작하여 똑똑한 태자 부소를 죽이고 아직 어리고 우둔한 호해를 황제로 세웠다.

조고는 호해를 앞세워 충신들을 차례로 처단한 다음, 스스로 승상에 올라 정권을 좌지우지했다. 어느 날 조고가 자신을 반대하는 신하들을 가려내기 위해 호해에게 사슴을 바치면서 말을 바치오니 받아달라고 했다. 호해가 어리둥절한 표정을 짓자 조고가 신하들을 바라보며 말했다. "그대들 눈에도 이것이 사슴으로 보이시오?" 감히 아니라고 말하는 사람은 없었다. 《사기》

천하 패권을 목전에 두고 몰락하다
- 초나라 항우의 짧고 굵직한 일생

항우는 중국 진(秦)나라 말기의 혼란 속에서 한(漢)나라 유방(劉
邦)에 맞서 초한전쟁(楚漢戰爭)을 치른 초(楚)나라의 장수다. 마지
막까지 진나라 시황제에 항거했던 초나라의 장수 항연(項燕)의 손
자로, 초나라가 끝내 멸망하자 숙부 항량(項梁)과 함께 회계(會稽)
땅으로 숨어들어 어린 시절을 보냈다.

항우는 대범한 기질에 대장부다운 풍모로 어려서부터 사람들의
이목을 끌었으나 글을 멀리하고 검술에도 흥미가 없었다. 이에 숙
부가 나무라자 항우가 대답했다. "글은 이름을 쓸 줄 아는 것으로
족하고, 검술은 단지 한 사람을 대적하는 것이어서 배울 바가 못
됩니다. 저는 만인을 상대하는 법을 배우겠습니다."

진시황제가 갑자기 죽고 나라가 극심한 혼란에 빠지자 전국에
서 요원의 불길처럼 반란이 이어졌다. 이때 항우도 숙부와 함께 봉
기하여 회계군수 은통을 참살한 뒤에 8천여 군사를 이끌고 차례
로 주변 세력을 병합해 나가기 시작했다. 그러다 숙부 항량이 진나
라 장수의 계략에 빠져 갑자기 죽게 되자, 항우는 스스로 상장군이
라 칭하며 더욱 거세게 들고일어나 도처에서 진나라 군대를 무찔

러 나갔다. 이때 이미 항우는 대륙의 혼돈을 잠재울 장수로 손꼽히게 되었다.

하지만 이 무렵 패현(沛縣) 땅을 중심으로 빠르게 세력을 넓혀 나가던 한나라의 유방이 돌연 진나라의 옛 수도이자 대륙의 중심지인 함양(咸陽)에 발 빠르게 입성함으로써 선수를 놓치고 말았다. 그것은 백성들이 유방을 진나라 다음으로 대륙의 주인이 될 인물로 여길지 모른다는 점에서 대단히 상징적인 사건이었다.

이에 항우는 대군을 이끌고 함양으로 가는 관문인 함곡관(函谷關)으로 서둘러 진군했다. 이때까지만 해도 유방의 군대는 항우의 대군에 비해 세력이 변변치 않아 대적할 상대가 되지 못했다. 그러자 세가 불리하다는 사실을 잘 아는 유방이 저항을 포기하고 함곡관 문을 열고 나와 항복하는 태도를 보였다.

항우는 책사 범증(范增)의 권고에 따라 유방을 홍문(鴻門)으로 불러내 잔치를 열고, 은밀히 죽이려고 했다. 범증은 장차 항우가 대륙의 주인이 되려면 반드시 유방을 죽여야 한다고 충고했고, 항우 역시 이 말에 동의했다. 하지만 낌새를 눈치챈 유방의 책사 장량(張良)의 계략에 휘말려 끝내 유방을 죽이지 못했다. 항우의 우유부단한 성격이 확실하게 드러나는 장면이었고, 이것이 중국 역사를 바꾸었다고 해도 과언이 아니다.

이후 항우는 유방이 내놓은 함양성에 당당히 입궁하여 진나라 마지막 황제 자영(子嬰)을 살해하고 대궐에 가득한 금은보화를 가득 챙긴 뒤에 진시황제 시절의 영화가 고스란히 남아 있는 아방궁을 깡그리 불살라 버렸다. 항우는 이제 금의환향의 명목으로 팽성(彭城)으로 옮겨 초나라의 도읍을 정할 작정이었다. 팽성은 지금의 강소성 서주(西州)로, 이 일대는 대운하와 연결되어 있어 지리적 이점이 탁월한 곳이었지만, 이 결정은 전략적으로 큰 실수였다.

팽성은 대륙의 중심지 역할을 하기엔 군사적으로 취약한 곳인 데다 진나라의 뒤를 이어 대륙을 거머쥔다는 상징성 면에서 훨씬 떨어지는 곳이었다. 그럼에도 스스로 서초패왕(西楚覇王)이라 칭하는 항우의 기세는 여전히 막강해서 누구도 상대가 되지 못할 것으로 보였다. 더구나 숙명의 라이벌인 유방마저 아직은 미미한 상태여서 이제 명실공이 천하를 손에 쥐는 절차만 남아 있는 듯했다. 그러나 역사의 수레바퀴는 항우의 뜻대로 굴러가지 않았다.

이 무렵 유방의 참모인 소하(蕭何)의 천거로 대장군이 된 한신(韓信)이 옛 진나라 영토를 속전속결로 격파한 다음에 텅 비어 있는 함양성을 재빨리 점령해 버렸다. 항우는 뒤늦게 실수를 깨닫고 함양성으로 치달아 당장 한나라 군대를 치려했으나, 또 다시 장량의 계략에 빠져 당장 발등의 불이 된 다른 지역의 반란군들을 진압하러 출정했다.

이 시기는 진시황제 사후에 대륙 전체가 크고 작은 반란과 폭동이 거듭되던 때로, 천하 제패를 목전에 둔 항우로서는 그 모든 반란 세력을 직접 제압해야만 한다고 믿었다. 그래야만 명실상부 대륙의 주인이 된다고 믿었기 때문이다. 하지만 항우가 중국 대륙의 심장부인 함양성 출정을 미루고 대륙의 변방을 뒤지고 다니는 것은 유방으로 하여금 함양을 기반으로 중원으로 한층 더 활발하게 진출하는 계기를 만들어 준 것으로, 전략적으로 크나큰 실수를 저지른 것이었다.

이런 상황에서 항우가 반란군을 일거에 제압하지 못하고 머뭇대는 사이에 유방은 초나라의 수도인 팽성마저 단숨에 빼앗아 버렸다. 참모들의 반대를 뿌리치고 독단적으로 팽성으로 수도를 옮겼고, 그마저도 수도를 비우고 전쟁터를 누비고 다녔던 대가는 너무도 쓰라렸다. 유방은 이렇게 자기보다 월등한 군사력을 지닌 항우에 정면승부를 걸기보다는 항시 치고 빠지는 전략 전술로 크게 이득을 봐왔는데, 이번에도 예외가 아니었다.

그러나 항우는 아직 항우였다. 그는 부하장수들에게 반란군을 제압하도록 맡겨두고, 자신은 단 3만의 정예부대로 팽성을 탈환하러 달려갔다. 이때 유방은 각 지역의 제후들이 제공한 군대를 포함하여 56만의 대군을 이끌고 팽성에서 직접 항우와 맞섰다. 그러나 압도적인 병력 차이에도 불구하고 유방은 무력하게 패하고 말았다. 이것이 저 유명한 팽성 전투로, 항우는 극적으로 팽성을 수복했지만 이번에도 잽싸게 도망친 유방을 죽이지 못함으로써 천추의 한을 남기고 말았다.

이후 항우는 탁월한 전쟁 수행 능력과 범증(范增)을 비롯한 참모들의 계책에 따라 유방과의 크고 작은 싸움에서 거듭 승리를 거두며 힘의 우위를 다시 찾아나갔다. 하지만 이런 욱일승천의 기세에도 불구하고 언젠가부터 항우에게는 멸망의 그늘이 드리워지고 있었다. 세상을 다 가진 듯이 안하무인으로 행동하는 항우에 등을 돌리는 신하들이 늘어가고, 백성들 또한 오만방자한 그의 성품에 신뢰를 보내지 않았던 것이다.

이런 상황에서 항우의 참모 진평(陳平)이 돌연 유방에게 투항하여 항우와 범증을 갈라놓는 이간책을 써서 둘 사이를 허물어뜨린다. 진평은 의심 많은 항우의 성격을 이용하여 첩자들을 풀어 범증이 유방과 내통한다는 소문을 퍼뜨렸다. 이에 항우는 즉시 유방에게 사신을 보내 상황을 파악해 보려고 했다. 이때 진평은 사신에게 '범증이 보내서 왔느냐?'고 물어 모든 것을 기정사실로 믿게 했다. 더 이상 의심할 게 없다고 판단한 항우는 실 여부를 더 알아볼 사이도 없이 범증을 모질게 내친다.

　이 무렵 전쟁의 천재인 한신이 하북 지방을 완전히 평정하고 항우에 맞서기 위해 본진에 합류하게 된다. 이때부터 항우는 패퇴를 거듭하다가 마침내 해하(垓下)까지 도주하여 한나라 군대의 포위망에 갇히게 된다. 문제는 이제 그의 주변에는 범증 같은 책사가 남아 있지 않아 모든 결정을 항우 스스로 해야 한다는 것이었다.

　해하에서의 결전을 앞두고, 한신은 장기간 전쟁터에 나와 있는 초나라 병사들의 마음을 흔들기 위해 병사들로 하여금 초나라 진영을 향해 초나라 노래를 부르게 했다. 이를 일러 사면초가(四面楚歌)라고 한다. 이 노래를 들은 초나라 병사들은 고향 생각에 눈물을 흘리며 대거 병영에서 이탈하여 가뜩이나 절망에 빠진 항우를 더욱 나락으로 내몰았다.

　항우는 너무도 허탈하고 상심하여 수백 명밖에 남지 않은 진영을 둘러보다가 끝까지 남은 병사들을 위해 그들의 고향인 강남으로 향할 수 있는 오강(烏江)까지 자신이 직접 지휘하겠다고 결심한다. 마침내 초나라 병사들을 에워쌌던 한나라 백만 대군의 포위망을 돌파하자, 이제 남은 것은 단지 28기뿐이었다. 항우는 더욱 악에 받쳐 그들을 이끌고 강가로 내달려 갔는데, 그 와중에도 한나라 정예병 5천이 추격했으나 항우는 이들마저 격파하고 마지막 목적지인 오강에 도착한다.

이때 살아남은 기마는 26기로, 몇 천 명을 상대로 싸워 두 명만이 죽고 유방과 한신의 지독한 추격을 따돌린 것이었다. 항우는 남은 병사들을 강남으로 향하는 배에 태웠다. 항우는 함께 배를 타고 강을 건너 훗날을 기약하자는 병사들의 권유를 끝내 거부했다. 처음 거병할 때 자신을 따른 8천의 병사들을 모두 잃고 이제 오직 26기만 살아남았으니 강동의 백성들이 자신을 용서해도 스스로가 자신을 용서할 수 없다는 것이 이유였다.

배가 강남으로 떠나자, 항우는 이제 단기필마로 적진에 뛰어들어 수백 명을 죽이고 그 또한 큰 부상을 입었다. 마침내 마지막 순간에, 항우는 한나라 군대에 섞여 있는 옛 부하를 보고는 '유방이 내 목에 천금과 1만 호를 걸었다는데 너에게 기회를 주겠노라!'라고 말하고는 스스로 목을 베어 자살했다. 그의 나이 31세 때였다.

그가 죽기 전날 밤, 항우는 사랑하는 여인 우미인(虞美人)과 술을 마시며 한때 힘은 산을 뽑고 기상은 세상을 덮었던 때를 회상하며 눈물을 흘렸다. 이때 우미인은 자살했고, 항우와 그녀가 헤어지는 광경을 묘사한 것이 바로 '패왕별희(霸王別姬)'라는 작품이다.

항우는 측근의 전략이나 군사력보다는 '힘은 산을 뽑을 만하고, 기운은 세상을 덮을 만한(力拔山 氣蓋世)' 자신의 힘을 믿었다. 그는 마지막 순간에 자신을 스스로 평가하기를, '내가 군사를 일으킨 지 8년 동안 70여 차례 전쟁을 치르면서 단 한 번도 패한 적이 없다. 모든 싸움에 이겨서 천하를 얻었으나 여기에서 곤경에 빠졌다. 이것은 하늘이 나를 버려서이지, 내가 싸움을 잘못한 것이 아니다'라고 말했다.

항우는 8척이 넘는 키에 힘이 세고, 군사적인 전략에서도 누구보다 탁월한 능력을 보였지만 의심이 너무 많고 아량이 넓지 않아 부하들을 제대로 다루지 못했다. 부하들을 무한 신뢰하고 백성들의 신뢰를 받은 유방과 비교되는 이러한 인간적인 면모 탓에 항우는 진나라를 멸망시키는 데 선봉장 역할을 하고도 쓸쓸히 자멸하고 말았다.

蓋 덮을 개 世 세상 세 之 어조사 지 才 재주 재	**개세지재** 蓋世之才	079

기품이나 위력이 세상을 뒤엎을 만큼 큰 영웅을 가리키는 말.

산을 뽑을 만큼 강력하고, 기상은 세상을 덮었던 사람

항우가 해하(垓下)에서 유방과 최후의 결전을 치르던 날, 군량미마저 바닥나고 사방에서 들려오는 초나라 노래(四面楚歌)에 병사들의 사기는 땅에 떨어지고 말았다. 절망에 빠진 항우는 사랑하는 여인 우미인(虞美人)과 술을 마시며, 한때 자신이 산을 뽑을 만큼 힘이 강력하고 기상은 세상을 덮었던 영웅(蓋世之才)이었음을 회상하며 눈물을 흘렸다.

결국 우미인은 자살했고, 그녀와 헤어지는 마지막 광경을 묘사한 것이 바로 '패왕별희(霸王別姬)'라는 작품이다. 간신히 포위망을 뚫고 사지를 벗어난 항우는 고향으로 돌아가 재기를 도모하자는 참모들의 말을 외면하고 스스로 파란만장한 삶을 마감하고 말았다. 그의 나이 31세 때였다.

동의어 개세영웅(蓋世英雄), 경천위지지재(經天緯地之才).

080	걸해골 乞骸骨	乞 빌 걸 骸 뼈 해 骨 뼈 골

마음은 임금에게 바쳤지만 뼈만은 돌려달라는 말. 늙은 신하가 더 이상 대궐에 나오지 못하게 될 때 임금에게 사직을 청하며 하는 말이다.

늙은 신하가 임금에게 사직을 청하며 하는 말

유방이 항우에게 연전연패하며 악전고투하고 있을 때, 유방이 고육지책으로 휴전을 제의했다. 이에 항우는 응할 생각이었지만 범증(范增)를 비롯한 참모들이 반대하는 바람에 성사되지 않았다. 이때 유방의 책사 진평(陳平)이 초나라에 첩자들을 풀어 범증이 유방과 내통하고 있다는 헛소문을 퍼뜨렸다.

믿었던 참모가 배신했다는 소식에 분노가 치민 항우는 범증 모르게 유방에게 사신을 보냈는데, 이때도 진평이 달려 나와 사신에게 '범증이 보내서 왔느냐?'고 물었다. 꼼짝없이 속은 사신은 그 말을 곧이곧대로 항우에게 전했다.

그러자 항우는 범증이 유방과 진짜 내통하고 있다고 믿고, 모든 권한을 박탈해 버리고 말았다. 크게 실망한 범증이 항우에게 말했다. "이로써 천하의 대세는 결정된 것과 같습니다. 이제 신은 해골을 빌어(乞骸骨) 초야에 묻힐까 합니다." 항우는 어리석게도 유방의 계략에 말려 최고의 참모를 잃고 말았다.

동의어 원사해골(願賜骸骨).

금의야행
錦衣夜行

비단옷을 입고 밤길을 다니면 누구도 알아보지 못하듯이, 아무런 보람도 없는 행동을 일컫는 말.

비단옷을 입고 밤길을 걸어가는 어리석음

항우가 마침내 멸망한 진나라의 도읍지인 함양에 입성한 뒤에, 진시황의 일족과 신하들을 가차 없이 처형하고 수많은 재화를 손에 넣은 다음 아방궁까지 불살라 버렸다. 심지어 항우는 승리감에 도취된 나머지 진시황의 무덤까지 파헤치는 등 온갖 만행을 서슴지 않았다.

항우는 그렇게 한참 위세를 떨치다가 이대로 팽성(彭城)이라는 곳으로 도읍지를 옮기려고 했다. 어서 빨리 고향 사람들에게 자신의 성공한 모습을 보여주고 싶었기 때문이다. 이에 신하들이 말렸다. "함양은 땅이 기름진 요충지로 이곳을 도읍지로 삼아야 천하의 패권을 도모할 수 있습니다. 절대 이곳을 떠나시면 안 됩니다."

하지만 항우의 생각은 달랐다. "내가 아무리 부귀해지더라도 고향에 돌아가 성공한 모습을 보여주지 않는다면 비단옷을 입고 밤길을 가는 것과 같다(錦衣夜行)." 항우는 금의환향의 꿈을 실현하기 위해 끝내 함양을 떠났고, 뒤이어 그곳에 입성한 유방에게 전쟁의 주도권을 내주고 말았다.

082	목후이관 沐猴而冠	沐 머리 감을 목 猴 원숭이 후 而 말 이을 이 冠 갓 관

원숭이를 목욕시켜 관(冠)을 씌웠다는 말.
걸치고 있는 옷은 훌륭하지만 속은 사람답지 못하다는 뜻.

원숭이 머리에 관을 씌운 꼴

항우가 진나라의 도읍지였던 함양을 떠나 팽성으로 천도를 서두를 때, 한생(韓生)이라는 신하가 간언을 했다. "반드시 이곳에 도읍을 정해야 천하의 제왕이 될 수 있습니다." 그럼에도 항우가 고집을 꺾지 않자, 한생이 크게 탄식하며 혼잣말로 중얼거렸다. "원숭이를 목욕시켜 관을 씌운 꼴이군(沐猴而冠)."

항우를 원숭이에 비유하며 내뱉는 말을 듣고, 항우는 당장 한생을 펄펄 끓는 가마솥에 던져 죽였다. 한생이 죽기 전에 이렇게 말했다. "두고 보라. 한왕(漢王, 유방)이 반드시 그대를 멸망시킬 것이다." 한생의 예언은 현실이 되었다.

非 아닐 비		
戰 싸울 전	**비전지죄**	083
之 어조사 지	非戰之罪	
罪 허물 죄		

일을 잘못한 게 아니라 하늘이 돕지 않아 성공하지 못했음을 탄식하는 말.

하늘이 버린 것이지 내가 싸움을 못해서가 아니다

항우가 마지막 전투에서 패하여 돌이킬 수 없는 처지가 되자, 자신의 운명을 탄식하며 뱉은 말이다. "이것은 하늘이 나를 버렸기 때문이지 내가 싸움을 못했기 때문이 아니다(非戰之罪)." 24세에 전란에 투신하기 시작하여 31세에 죽을 때까지 백전백승의 용맹함으로 천하를 호령했던 항우는 자만심에 빠져서 독불장군처럼 행동하다가 어이없이 패배의 쓴잔을 마시게 되었다.

084	**사면초가** 四面楚歌	四 넉 사 面 쪽 면 楚 초나라 초 歌 노래 가

사방이 적으로 둘러싸여 누구의 도움도 받을 수 없는 상태를 일컫는 말.

사방에서 들리는 고향노래에 무너진 초나라 군대

항우에게 마지막 순간이 다가오고 있었다. 아끼던 참모 범증마저 떠나고, 한신의 기세에 밀려 패전을 거듭하는 병사들의 사기는 형편없이 떨어진 상태였다. 마침내 해하성에 이르러서 한신에게 겹겹이 포위당한 항우의 병사들은 밤이 되면 사방에서 들려오는 초나라 노래(四面楚歌)에 완전히 전의를 상실하고 말았다. 한신이 병사들에게 초나라 노래를 부르게 했던 것이다. 그 노래는 가뜩이나 고달픈 초나라 병사들을 슬픔에 빠지게 만들어 해하성에 남아 있던 병사들이 대거 도망치고 말았다. 항우의 운명은 거기까지였다.

동의어 고립무원(孤立無援), 진퇴양난(進退兩難).

선발제인
先發制人

상대방의 계략을 먼저 알아차리고 일이 생기기 전에 미리 막아낸다는 뜻.
남보다 먼저 일을 시작하면 반드시 앞지를 수 있다는 말로도 쓰임.

먼저 하면 남을 제압하고, 뒤에 하면 남에게 제압당한다

진나라 말기에 강동 땅에 사는 항량(項梁)은 어쩌다 살인을 저지
르고 조카와 함께 오나라로 도망쳤는데, 그 조카가 바로 항우였다.
그 뒤 오나라에서 크게 성공한 항량의 후원을 받은 항우는 타고난
힘을 바탕으로 큰 인물로 도약하기 위한 야망을 불태웠다.

　때마침 곳곳에서 진시황 사후의 혼란기를 틈타 세력을 모으려는 자
들이 많았는데, 그 중 한 사람이 회계 태수 은통(殷通)이었다. 항량과
항우는 은통에게 '먼저 하면 남을 제압하고, 뒤에 하면 남에게 제압당
한다(先則制人 後則制於人)'며 봉기를 부추긴 뒤, 그가 대대적으로
군사를 모으자 당장 제거해 버리고는 단숨에 막강한 군사력을 거느리
게 되었다.

동의어　선성탈인(先聲奪人), 선즉제인(先則制人).

086	**파부침주** 破釜沈舟	破 깨뜨릴 파 釜 솥 부 沈 잠길 침 舟 배 주

식량을 버리고 배를 침몰시킴.
어떤 일에 죽을 각오를 하고 결전에 임한다는 뜻.

돌아갈 배와 밥 지을 솥을 모두 버리다

항우가 진나라를 치기 위해 대군을 이끌고 장강을 건널 때였다. 항우는 병사들에게 사흘 치 식량을 나눠주고는 타고 온 배를 모조리 부수고, 싣고 온 솥마저도 깨뜨려 버렸다(破釜沈舟). 이제 돌아갈 배도 없고 밥을 지어먹을 솥마저 없었으므로 병사들은 결사 항전밖에 다른 도리가 없었다. 병사들은 무서운 기세로 적진을 향해 달려 나가 대승을 거두었다.

동의어 배수지진(背水之陣), 제하분주(濟河焚舟).

取 가질 취 而 말 이을 이 代 대신할 대 之 이 지	**취이대지** 取而代之

어떤 사물로 다른 것을 대체하거나 남의 지위를 빼앗아 자기가 대신함.

저 자리를 내가 차지하고 말겠다는 포부

항우의 집안은 대대로 초나라에서 무관을 지낸 명문가였지만, 항우는 어려서부터 글을 멀리하고 검술에도 흥미가 없었다. 이에 숙부 항량이 나무라자 항우는 이렇게 대답했다. "글은 자기의 이름을 쓸 줄 아는 것으로 족하고, 검술은 단지 한 사람을 대적하는 것이어서 배울 만한 게 못 됩니다. 저는 만인을 상대하는 법을 배우겠습니다."

후에 항량이 살인을 저지르고 타향살이를 할 때 항우도 동행했는데, 우연히 진시황제의 행차를 보게 되었다. 이때 항우가 말했다. "저 사람의 자리를 내가 취하여 대신할 것이다(取而代也)." 항량이 깜짝 놀라며 항우의 입을 틀어막았으나, 그는 이때부터 어린 조카의 원대한 꿈과 거인의 풍모를 알아볼 수 있었다.

제3장

도끼를 갈아
바늘을 만들다

088	**마부작침** 磨斧作針	磨 갈 마 斧 도끼 부 作 만들 작 針 바늘 침

도끼를 갈아 바늘을 만들다.
아무리 이루기 힘든 일도 끈기 있게 노력하면 성공하고야 만다는 뜻.

도끼를 갈아 바늘을 만들겠다

이백이 소년시절에 중도에 학문을 그만두고 집으로 돌아가는 길에 한 노파를 만났다. 노파는 물가에 있는 바위에 열심히 도끼를 갈고 있었는데, 연유를 물어보니 바늘을 만들기 위해 그런다는 것이었다. 노파의 끈기와 노력에 감명을 받은 이백은 그길로 다시 산으로 돌아가 학문에 매진하게 되었다. 《방여승람(方輿勝覽)》

해설　이백은 두보와 함께 당나라 시대를 대표하는 시인으로 시선(詩仙)으로 불렸다. 《방여승람》 은 남송 때 축목(祝穆)이 지은 지리서이다. 《당서》 에도 위와 같은 내용이 수록되어 있다.

車 수레 거 載 실을 재 斗 말 두 量 헤아릴 량	**거재두량** 車載斗量

089

인재나 물건이 아주 많다.

저 같은 인물은 헤아릴 수 없이 많습니다

촉나라가 오나라를 공격하려고 하자, 오나라 왕 손권이 장수 조자를 급히 위나라에 보내 지원군을 요청했다. 이때 위나라 왕은 조조의 아들 조비였다.

조비는 지원군을 요청하러 왔으면서도 당당하게 처신하는 조자에 호감을 갖고 이렇게 물었다. "오나라에는 그대 같은 인물이 얼마나 되는가?" 이에 조자가 말했다. "저 같은 인물은 수레에 실어 말(斗)로 헤아릴 정도로 많습니다(車載斗量)." 조비는 조자의 말에 감탄하면서 당장 오나라와 군사동맹을 맺도록 했다.   《삼국지》

해설   《삼국지》와 《삼국지연의(三國志演義)》는 전혀 다르다. 《삼국지》는 서진의 진수(陳壽)가 당시의 사료들을 모아 편찬한 정식 역사서이다. 《삼국지연의》는 명나라 초기에 나관중(羅貫中)이 집필한 책으로 오랜 세월이 지나면서 사람들의 입을 거쳐 세간에 떠돌던 이야기들이 소설 형식으로 담겨 있다. '연의'는 '사물을 조리 있고 알기 쉽게 설명한다'는 뜻으로 고전 역사소설을 가리킨다.

	노마식도 老馬識途	老 늙을 로(노) 馬 말 마 識 알 식 途 길 도
090		

늙은 말이 길을 알다.
연륜이 깊으면 나름의 장점이 있다는 뜻이다.

늙은 말의 지혜로 굶주림을 면하다

제나라 환공이 재상 관중과 대부 습붕을 대동하고 고죽국을 정벌
하러 떠났는데 전쟁이 의외로 길어지는 바람에 한겨울에야 싸움
이 끝나고 말았다. 그래서 혹한을 뚫고 귀국하는 길에 그만 길을
잃고 오도 가도 못하는 처지가 되고 말았다.

식량도 고갈되어 이대로라면 추위와 굶주림에 전멸할 위기에 처
하게 되었는데, 이때 관중이 말했다. "이런 때 늙은 말의 지혜가 필
요합니다." 관중이 늙은 말 한 마리를 풀어놓았고 병사들이 말의
뒤를 따라 행군한 지 얼마 안 되어 큰길이 나타나 모두 살 수 있었
다(老馬識途).   《한비자》

동의어   노마지지(老馬之智).

해설   동의어 '노마지지'와 함께 '경험을 쌓은 사람이 가진 지혜'라는 뜻으로, 세상사의 여
러 문제들을 해결하는 데에는 연륜과 함께 축적된 경험과 지혜가 필요하다는 의미
로 자주 쓰인다.

伯 맏 백 俞 대답할 유 泣 울 읍 杖 몽둥이 장	**백유읍장** 伯俞泣杖

091

늙고 쇠약해진 어머니의 모습을 보며 슬퍼하다.
부모에 대한 지극한 효성을 일컫는 말.

어머니의 힘이 모자란 것을 알고 나니

한나라 때 문인 한백유가 어렸을 때 잘못을 저질러 어머니가 매질
을 하자 갑자기 울었다(伯俞泣杖). 이에 어머니가 물었다.

"다른 때는 매를 맞아도 울지 않았는데, 오늘은 우는 까닭이 무
엇이냐?" 그러자 백유가 대답했다. "예전에 맞을 때는 항상 그 매
가 아팠는데, 지금은 어머니의 힘이 모자라 저를 아프게 하지 못합
니다. 이런 까닭에 울었습니다."   《설원》

동의어   백유지효(伯俞之孝), 풍수지탄(風樹之嘆).

115

092	**구시화문** 口 是 禍 門	口 입 구 是 이 시 禍 재앙 화 門 문 문

입은 재앙을 불러들이는 근원이니 항상 말조심하라.

혀를 조심하면 어디 있든 편안하다

당나라 말기의 시인 풍도(馮道)는 〈설시(舌詩)〉에 이렇게 썼다. "입은 화근의 문이요 혀는 몸을 자르는 칼이라, 입을 다물고 혀를 깊이 간직하면 몸이 어느 곳에 있든 편안하리라(口是禍之門 舌是斬身刀 閉口深藏舌 安身處處牢)."

《전당서(全唐書)》

동의어 구화지문(口禍之門), 사불급설(駟不及舌).

해설 옛사람들은 입으로 쏟아내는 말이 화근의 시작이라며 입조심을 당부했다. 동의어 '사불급설'은 네 마리의 말이 끄는 수레도 사람의 혀에 미치지 못한다는 말로, 그만큼 빠르게 퍼져나간다는 뜻이다. 따라서 한번 내뱉은 말은 세상 끝까지 퍼져 나가 되돌릴 수가 없으니 말을 할 때는 진중하게 해야 한다는 것을 의미한다.

大 큰 대 姦 간사할 간 似 닮을 사 忠 충성 충	**대간사충** 大姦似忠	093

몹시 간사한 사람은 매우 교묘한 방법으로 아첨을 일삼기에 마치 충성하는 사람의 모습과 흡사하다.

아주 간사한 사람은 충신과 흡사하다

북송 때 왕안석이 신법(新法)에 의한 개혁 작업을 벌일 때 기득권층의 대대적인 반대에 부딪혔다. 여회는 왕에게 온갖 아첨을 일삼으며 개혁 작업 자체를 무산시키려 했다. 이에 왕안석이 여회를 가리켜 이렇게 말했다.

"아주 간사한 사람은 충신과 흡사하고, 큰 속임수는 사람들로 하여금 믿게 만든다(大姦似忠 大詐似信)."

《송사(宋史)》

해설　왕안석은 송나라의 재상이자 문필가로, 당송팔대가의 한 사람이다. 거란을 비롯한 주변국의 시달림으로부터 벗어나고 국가의 기강을 새롭게 하기 위해 혁신정책을 단행한 것으로 유명하다.

094	공심위상 攻心爲上	攻 칠 공 心 마음 심 爲 될 위 上 윗 상

상대의 마음을 공략하는 것이 상책이다.

적의 투지를 꺾는 심리전이 더 강력하다

제갈량이 남만(南蠻)을 정복하러 갈 때, 장수 마속이 심리전으로
적을 물리치는 것이 좋겠다며 이렇게 말했다. "예로부터 용병의
대원칙으로 적의 마음을 치는 것이 상책이고(攻心爲上), 성을 공격
하는 것은 하책이며, 마음으로 싸우는 심리전이 상책이고, 군사로
싸우는 전투는 하책이라 했습니다." 군사력보다 적의 투지를 꺾는
심리전이 가장 중요하다는 뜻이다. 《양양기(襄陽記)》

해설 제갈량에게는 마량 이라는 벗이 있었는데, 그에게는 다섯 명의 형제가 있었다. 그
들 형제는 모두 재주가 출중해서 사람들의 칭송이 자자했다. 마속은 그중에 막내로
유명한 '읍참마속'의 장본인이다. 그들 형제 중에서 단연 돋보이는 인물은 마량으
로, 사람들은 그가 어려서부터 눈썹이 희다는 뜻에서 '마씨 형제들 중에 흰 눈썹이
제일 훌륭하다(馬氏五常 白眉最良)'고 했다. 여기서 나온 말이 바로 '백미(白眉)'로, 여
럿 가운데 가장 뛰어나다는 뜻이다.

矯 바로잡을 교	**교각살우**	095
角 뿔 각	矯角 殺牛	
殺 죽일 살		
牛 소 우		

뿔의 모양새를 바로잡으려다 소를 죽이고 만다.
잘못을 고치려다 방법이 지나쳐 오히려 일을 망친다는 뜻.

잘못을 고치려다 일을 망치다

고대 중국에서는 종(鐘)을 만들 때 뿔이 곧고 잘생긴 소의 피를 종에 바르고 제사를 지냈다. 한 농부가 제사에 쓸 소의 뿔이 조금 삐뚤어져 있어 바로잡으려고 팽팽하게 동여맸더니 뿔이 그만 뿌리째 빠지는 바람에 소가 죽고 말았다는 고사에서 나온 말이다.

《현중기(玄中記)》

동의어 교왕과직(矯枉過直), 소탐대실(小貪大失).

해설 동의어 '교왕과직'은 굽은 것을 바로잡으려다 지나치게 곧게 만든다는 뜻으로, 잘못을 바로잡으려다 지나쳐서 오히려 더 나쁘게 되는 것을 말한다. 어떤 폐단을 고치려고 새로운 정책을 세웠는데, 이 일로 오히려 폐단이 더 기승을 부리거나 더 큰 문제를 야기하는 경우를 말한다.

096	**대교약졸** 大巧若拙	大 큰 대 巧 공교할 교 若 같을 약 拙 서툴 졸

훌륭한 기교는 도리어 졸렬하게 보인다. 탁월한 재주를 가진 사람은 함부로 자랑하지 않으므로 언뜻 보기에 매우 서툰 것처럼 보인다는 뜻.

아주 뛰어난 솜씨는 오히려 서툴게 보인다

완전히 이루어진 것은 모자란 듯이 보이지만 그 쓰임에는 부족함이 없다. 완전히 가득 찬 것은 비어 있는 듯이 보이지만 그 쓰임에는 끝이 없다. 완전히 곧은 것은 굽어 보이고 완전한 솜씨는 서툴게 보이며(大巧若拙), 완전한 웅변은 눌변으로 보인다. 조급함은 추위를 이기고 고요함은 더위를 이기니 맑고 고요함이 세상의 이치다.

《노자도덕경》

해설 위에 이어지는 글을 한 마디로 줄이면 '대지약우(大智若愚)'라는 말이 된다. '큰 지혜는 어리석음과 같아서 진정으로 지혜로운 사람은 함부로 자신의 영리함을 드러내지 않아 오히려 어리석어 보인다'는 뜻이다. 이를 역으로 말하면, 시끄럽게 떠들어대며 자기 자랑이나 일삼는 사람이야말로 진짜 어리석은 사람이라는 뜻이다.

見 볼 견 利 이로울 리 思 생각할 사 義 옳을 의	**견리사의** 見利思義 **097**

눈앞에 이익이 있을 때에도 의리를 먼저 생각한다.
어떤 경우라도 무엇이 옳은 일인지를 먼저 생각하라는 뜻.

이로운 일 앞에서도 대의를 먼저 생각하라

자로가 '완성된 인간'에 대해 묻자, 공자께서 말씀하셨다. "이로움
을 보면 대의를 먼저 생각하고(見利思義), 나라가 위태로워지면 목
숨을 바치며(見危授命), 오래된 약속일지라도 평소에 그 말을 잊지
않는다면 마땅히 완성된 인간이라 할 수 있을 것이다."   《논어》

반의어   견리망의(見利忘義).

해설   《논어》〈헌문〉 편에 나온다. 공자의 사상을 대표하는 말의 하나로, 인간의 기본적인
도리를 가리킨다. 정당하게 얻은 부귀가 아니면 취하지 말고, 의(義)를 보고 행하지
않는 것은 불의하다는 뜻을 담고 있다.

098	무용지용 無用之用	無 없을 무 用 쓸 용 之 어조사 지

언뜻 봐서는 쓸모없이 보이는 사람이나 물건도 때로는 크게 쓰일 때가 있다.

쓸모없는 것의 쓰임을 아는가

혜자가 장자에게 말했다. "우리 마을에 개똥나무라는 큰 나무가 있는데 줄기는 울퉁불퉁 옹이가 많아 먹줄을 칠 수 없고, 작은 가지들은 뒤틀려 자를 댈 수 없네. 그래서 길가에 있지만 목수들이 거들떠보지도 않네. 그 나무는 크기만 했지 쓸모가 없네."

이에 장자가 말했다. "너구리나 살쾡이를 본 적이 있는가? 엎드려서 먹이를 노리거나 이리저리 뛰어다니다 결국 덫이나 그물에 걸려 죽고 말지. 그런데 들소란 놈은 크기가 하늘의 구름만 해서 큰일을 할 수 있지만 쥐는 한 마리도 잡지 못한다네. 자네가 큰 나무를 놓고 쓸모없다고 하는 것이 그런 일을 타박하는 짝이네. 어째서 넓은 들판에 심어 놓고 기대어 쉬거나 나무그늘에서 놀다가 낮잠을 자지 못하는가. 그 나무는 도끼에 찍힐 일도, 누가 해칠 일도 없네. 그런데 왜 쓸모없다고 말하는 건가? 그렇듯이 세상 사람들은 쓸모 있는 것의 쓰임만을 알 뿐, 쓸모없는 것의 쓰임(無用之用)은 알지 못한다네."

《장자》

122

玩 희롱할 완 火 불 화 自 스스로 자 焚 불사를 분	**완화자분** 玩火自焚

불을 가지고 놀다가 스스로를 불사르다.
무모한 일로 남을 해치려 했다가는 도리어 자신이 해를 입게 된다는 말.

무력은 불과 같아서 지혜롭게 다루지 않으면

위나라의 주우가 환공을 죽이고 왕위를 찬탈한 후에 이웃나라들
과 연합하여 정나라를 공격하는 등 거침없는 행보를 거듭했다.

이 소식을 들은 노나라 은공이 나라의 장래를 걱정하자 대부 중
중이 말했다. "주우가 자신의 힘만 믿고 온갖 잔악한 짓을 일삼지
만, 필경 백성들이 등을 돌리고 신하들마저 외면할 것입니다. 무력
이란 불과 같아서 지혜롭게 다루지 않으면 장차 그 사람 자신이 그
불에 타죽게 됩니다(玩火自焚)."　　　　　　　　　　　《춘추좌씨전》

100	우사생풍 遇事生風	遇 만날 우 事 일 사 生 일 생 風 바람 풍

일을 하면 바람이 일듯이 재빠르게 한다.
남의 눈치를 보지 않고 소신껏 일처리를 한다는 뜻.

일을 하면 바람이 일듯이 거침없이

한나라 때 조광한은 말단 관리로 시작해서 성실하고 현명한 일처리를 인정받아 승진을 거듭하더니 마침내 수도를 총괄 관리하는 경조윤(京兆尹) 자리에까지 올랐다.

　불의와 타협하지 않고 어떤 권력에도 굴하지 않으며 오로지 나랏일을 위해 헌신한 조광한에 대해 사람들은 이렇게 평했다. "일을 보면 바람이 일고, 회피하는 바가 없다(遇事風生 無所回避)." 하지만 조광한은 그러한 강직한 성품이 지나친 탓에 간신배들의 모함을 받아 일찍 죽고 말았다. 《한서》

<table>
<tr><td>老 늙을 로
當 맡을 당
益 더할 익
壯 장할 장</td><td>노당익장
老當益壯</td><td>101</td></tr>
</table>

나이를 먹을수록 기력이 더욱 좋아지다.

남자는 늙을수록 건장해야 한다

광무제 때 장수 마원이 왕명에 따라 죄수들을 압송하게 되었는데 도중에 죄수들이 고통에 못 이겨 울부짖는 것을 보고는 모두 풀어주고 북방으로 달아났다. 이후 마원은 소와 양을 키우고 농사를 지으면서 크게 성공했지만 항시 친구들에게 이렇게 말했다.

"대장부는 뜻을 품었으면 어려울수록 굳세어야 하며 늙을수록 건장해야 한다(老當益壯)." 그 후 세상이 혼란스러워지자 마원은 다시 광무제를 만나 수많은 싸움에서 큰 공을 세웠다. 그의 나이 62세 때는 오랑캐들의 도발을 평정함으로써 문자 그대로 노익장의 힘을 보여주었다. 《후한서》

동의어 개현역조(改弦易調), 개현역철(改弦易轍), 해현경장(解弦更張).

125

102	삼인성호 三人成虎	三 석 삼 人 사람 인 成 이룰 성 虎 범 호

세 사람이 반복해서 같은 말을 하면 없는 호랑이도 만들어낼 수 있다.
거짓말이라도 여러 사람이 거듭해서 말하면 참말이 되어 믿게 된다는 뜻.

세 사람이 똑같은 말을 연달아 하면

위나라 혜왕이 조나라와 강화조약을 맺고 태자를 볼모로 보낼 때,
방총이 후견인으로 따라가게 되었다. 이때 방총이 임금에게 '세 사
람이 똑같은 말을 하면 없는 호랑이도 만들어낸다(三人成虎)'면서,
자신을 비방하는 소리가 들리더라도 절대 흔들리지 말 것을 간언
한 일화에서 나온 말이다. 《전국책》

동의어   시호삼전(市虎三傳), 병불염사(兵不厭詐).

해설   '증삼살인(曾參殺人)'이라는 고사성어가 있다. 공자의 제자 증자가 노나라에 있을 때
한 마을에 증자의 원래 이름인 증삼과 똑같은 이름을 가진 자가 살인을 저질렀는
데, 사람들이 세 번이나 증자의 어머니에게 달려가 증삼이 사람을 죽였다고 하자
두 번째까지는 끄덕도 않던 증자의 어머니가 두려움에 떨며 담을 넘어 달려 나갔
다. 아들을 굳게 믿는 어머니임에도 세 번이나 거듭 같은 말을 들으니 믿을 수밖에
없었던 것이다.

| 失 잃을 실
言 말씀 언
人 사람 인 | **실언실인**
失言失人 | 103 |

헛된 말로 말을 잃고, 더불어 말하지 않아 사람을 잃다.

지혜로운 사람이 말하는 법

공자께서 말씀하셨다. "더불어 말해야 할 때 더불어 말하지 않으면 사람을 잃고, 더불어 말하지 않아야 할 때 더불어 말하면 말을 잃는다(失言失人). 지혜로운 사람은 사람을 잃지도, 말을 잃지도 않는다."

《논어》

해설　《논어》〈위령공〉 편에 나온다. 할 말과 하지 말아야 할 말의 분별이 우리 삶에 얼마나 중요한지를 강조하고 있다.

104	**견마지양** 犬馬之養	犬 개 견 馬 말 마 之 어조사 지 養 봉양할 양

개나 말이 하는 봉양.
부모님을 모시면서 진정한 효심 없이 시늉만 내는 것은 효도가 아니라는 뜻.

물질적인 효도는 개나 말조차도 할 수 있다

자유가 효(孝)에 대해 묻자 공자께서 말씀하셨다. "요즘의 효라는
것은 부모를 물질적으로 봉양할 수 있는 것을 말하지만 개나 말조
차도 모두 어버이를 먹여 살리기는 하는 것이니(犬馬之養) 공경하
지 않는다면 무엇으로 구별하겠는가?"   《논어》

해설 《논어》〈위정〉 편에 나온다. 부모에게 진심으로 공경하는 마음이 아니라 단순히 물
질적인 제공으로 효도를 다했다고 생각하는 사람들을 꼬집는 말이다.

| 勞 수고로울 로(노)
而 말 이을 이
不 아닐 불
怨 원망할 원 | **노이불원**
勞而不怨 | 105 |

효자는 부모를 위해 아무리 고생하더라도 결코 부모를 원망하지 않는다.

아무리 힘들더라도 부모를 원망하지 마라

공자께서 말씀하셨다. "부모를 섬길 때는 잘못하시는 점이 있더라도 조심스럽게 말씀드려야 하고, 그 말을 따르지 않을 뜻을 보이더라도 더욱 공경하여 부모의 뜻을 어겨서는 안 되며, 아무리 힘들더라도 부모를 원망해서는 안 된다(勞而不怨)." 《논어》

해설 《논어》〈이인〉 편에 나온다. 어떤 고생을 해도 부모를 원망하지 않는 효자의 태도를 가리킨다.

106	당랑거철 螳螂拒轍	螳 사마귀 당 螂 사마귀 랑 拒 막을 거 轍 바퀴자국 철

사마귀가 수레바퀴를 막아서다. 자기의 힘은 헤아리지 않고 강자에게 함부로 덤비는 행동을 비유적으로 이르는 말.

팔뚝을 휘두르며 수레에 맞서는 사마귀

노나라의 학자 장여면이 현자 계철에게 말했다. "노나라 왕이 내게 가르침을 받고 싶다기에 몇 차례 사양하다가 '반드시 공손히 행동하고, 공정하며, 곧은 사람을 발탁하여 사심 없이 일하게 하면 백성들이 자연히 유순해질 것'이라고 말해주었습니다. 맞는 말인지요?"

이에 계철이 말했다. "그대의 말은 마치 사마귀가 팔뚝을 휘둘러 수레에 맞서는 것과 같다(螳螂拒轍). 제왕이 그렇게 평범한 사람처럼 행동했다가는 자칫 커다란 위험에 빠지게 되고, 오히려 번거로운 일이 많아질 것이다." 《장자》

동의어 당랑당거(螳臂當車), 당랑지부(螳螂之斧).

夜 밤 야 郎 사내 랑 自 스스로 자 大 큰 대	**야랑자대** 夜郎自大	**107**

자기 역량을 모르고 함부로 위세를 부리다.

자기의 주제도 모르고 날뛰다

한나라 때 도처에서 오랑캐들이 출몰했는데, 그중에 대륙 서남쪽에 있던 야랑국(夜郎國)은 제법 세력이 강대했다. 한번은 한나라 조정에서 사신이 왔는데, 야랑국의 왕이 자기들의 세력을 자랑하면서 물었다. "한나라의 국력이 우리를 따를 수 있겠소?" 《사기》

동의어　감중지와(坩中之蛙), 정저지와(井底之蛙), 좌정관천(坐井觀天).

해설　중국 대륙은 워낙 넓기 때문에 대륙 한복판에도 많은 나라들이 군웅할거하고 있었지만 북쪽이나 남쪽, 서쪽 변방에도 무수히 많은 작은 나라들이 도사리고 있었다. 이런 나라들의 크고 작은 도발에 큰 나라들은 골치를 앓았다.

108	공수신퇴 功遂身退	功 공공 遂 이를 수 身 몸 신 退 물러날 퇴

공을 이루었으면 몸은 물러나야 한다.

자신이 이룬 공에 머물지 마라

"공을 이루었으면 몸을 물리는 것이(功遂身退) 하늘의 이치이다."
자신이 이룬 공에 머물지 말고 한 발짝 물러서야 진정 그 공이 가
치 있다는 뜻. 자신이 이룬 것에 미련을 두고 집착하면 도리어 해
가 된다는 뜻이다.   《노자도덕경》

해설   노자는 춘추시대의 사상가로 도가(道家)의 시조로 알려져 있다. 도가사상은 유교사
상과 함께 2,000년 동안 중국을 비롯한 여러 나라의 생활과 사상에 큰 영향을 끼
쳐왔다. 노자와 장자의 철학사상을 한데 묶어 '노장사상'이라고 부른다.

巧 공교할 교	교지졸속	109
遲 더딜 지	巧遲拙速	
拙 서툴 졸		
速 빠를 속		

뛰어나지만 행동이 굼뜬 것보다 조금 부족해도 빠르게 일처리를 하는 것이 더 낫다.

조금 부족하고 서툴러도 빠르게 처리하라

군사를 운영함에 있어 교묘하나 늦는 것은 조금 서툴러도 빠른 것만 못하다(巧遲不如拙速).   《손자병법(孫子兵法)》

해설   《손자병법》은 총 82편, 도록 9권이라고 알려져 있으나 현재까지 발견된 13편만 전
해진다. 세계적으로 높은 평판을 받아서 미국, 프랑스, 러시아 등 많은 나라에서 번
역 출판되었다. 오늘날엔 군대뿐만 아니라 비즈니스 분야에서도 필독서로 읽힌다.
'교지졸속'은 전쟁터에서는 상대의 허를 찌르는 속전속결이 중요하며, 이를 적절히
운용하는 장수가 승리한다는 뜻이다.

110	**자구다복** 自求多福	自 스스로 자 求 구할 구 多 많을 다 福 복 복

복은 자신이 구하는 것이지 하늘이 내리는 게 아니다.

화와 복은 스스로 구하는 것이다

욕된 것을 싫어하면서 어질지 못한 생활을 하는 것은 마치 축축한 것을 싫어하면서 낮은 땅에 살고 있는 것과 같다. 나라가 화평하면 이를 마음껏 즐기면서 게으름을 피우고 거만을 부리는데, 이는 스스로 화를 부르는 것이다. 화와 복은 스스로 구하는 것이다(自求多福).

《시경(詩經)》

해설 《맹자》〈이루장구 상〉 편에도 나온다. 맹자는 화와 복은 자기 스스로 구하는 것이라면서 이렇게 말했다. "사람을 어여삐 여기되 친해지지 않으면 자신의 인을 돌아보고, 사람을 다스리되 다스려지지 않으면 자신의 지혜로움을 돌아보라. 《시경》에 이르되, 천명에 맞도록 행하면 스스로 다복을 구하는 길이다."

망양지탄
望洋之歎

타인의 위대함에 감탄하면서 자신의 미흡함을 부끄러워한다.

우물 안 개구리는 바다를 모른다

황하에 사는 물의 신 하백은 항상 자기가 사는 강의 넓고 풍부함에
감탄하며 자신이 세상에서 가장 큰 물에서 살고 있다고 믿었다.

그런데 어느 해 강의 끝을 보려고 동쪽으로 내려가다가 더욱 큰
세상을 보게 되었고, 바다에 이르러서는 더욱 감탄하게 되었다(望
洋之歎). 이때 바다의 신 약이 하백에게 말했다.

"우물 안 개구리에게 바다를 말해줘도 소용이 없는 것은 그가 사
는 곳에 매여 있기 때문이고, 여름매미에게 얼음을 말해줘도 소용
이 없는 것은 그가 시절에 묶여 있기 때문이다. 지금 그대가 비로소
자신의 어리석음을 깨달았으니 이제야말로 큰 이치를 말할 수 있
게 된 것이다."   《장자》

| 112 | **낭중지추**
囊中之錐 | 囊 주머니 낭
中 가운데 중
之 어조사 지
錐 송곳 추 |

주머니 속의 송곳. 능력과 재주가 뛰어난 사람은 주머니 속의 송곳이 튀어나 오듯 스스로 두각을 나타낸다는 뜻이다.

주머니 속의 송곳같이 솟아오르는

진나라의 공격을 받은 조나라 혜문왕이 동생인 평원군을 급히 초 나라에 보내 지원군을 청하기로 했다. 이때 모수라는 사람이 자기 도 수행원으로 삼아달라고 청하자 평원군이 어이없어하며 말했다.

"재능이 뛰어난 사람은 주머니 속의 송곳처럼 남의 눈에 쉽게 드러나는 법인데(囊中之錐) 자네는 내 집에 온 지 3년이 되었어도 한 번도 이름을 드러낸 일이 없네."

이에 모수가 대답했다. "그것은 나리께서 이제까지 저를 한 번 도 주머니 속에 넣지 않으셨기 때문입니다." 평원군은 그를 수행 원으로 삼았고, 이후 초나라에 가서 모수의 큰 활약 덕분에 큰 대 접을 받고 지원군도 얻을 수 있었다. 《사기》

해설 평원군은 당대 최고의 권력자 혜문왕의 동생이다. 휘하에 수천의 식객을 모으는 등 막강한 힘을 과시하며 혜문왕과 조카 효성왕을 보좌했다.

반문농부
班門弄斧

재주가 뛰어난 사람 앞에서 자신의 능력은 생각하지 않고 함부로 날뛰며 덤비다.

관운장 앞에서 칼을 휘두르다

노나라의 반수는 목조 기술의 달인으로 누구도 따라갈 수 없을 정도로 솜씨가 뛰어나 명공(名工)으로 유명했다. 그런데 이따금 그를 흉내 내어 그의 집 앞에서 도끼질 솜씨를 자랑하는 사람들이 있었기에 생긴 말이다. 천하제일의 장수 관운장 앞에서 큰 칼을 휘두른다는 뜻의 '관공면전사대도(關公面前耍大刀)'와 같은 말이다.

《여매성유서(與梅聖俞書)》

해설 관운장은 유비, 장비와 함께 도원결의로 의형제를 맺고 촉나라의 무장으로 활동한 관우를 말한다. 후대 사람들에게 충신의 전형으로 불릴 만큼 우직하게 유비를 보좌했다. 관우는 수많은 무장 중에서도 충성심과 의리, 탁월한 용맹과 무예, 당당한 성품 등이 두드러져 후대 사람들에게 신으로까지 숭배되고 있다.

| 114 | **손여지언**
巽與之言 | 巽 부드러울 손
與 더불 여
之 어조사 지
言 말씀 언 |

은근하고 부드럽게 남을 타이르는 말.

중요한 것은 잘못을 고치는 일이다

공자께서 말씀하셨다. "올바른 말로 일러주는 것을 따르지 않을 수 있겠는가? 그러나 실제로 중요한 것은 잘못을 고치는 일이다. 은근하게 타이르는 말(巽與之言)에 기뻐하지 않을 수 있겠는가? 그러나 중요한 일은 그 참뜻을 찾아 실천하는 것이다. 기뻐하기만 하고 참뜻을 구하지 않거나 따르기만 하고 실제로 잘못을 고치지 않는다면, 나도 그런 사람을 끝내 어찌할 수가 없다." 《논어》

해설　《논어》〈자한〉편에 나온다. 남의 마음을 거스르지 않는 온화한 말투가 중요하다는 가르침이다. 막말을 일삼고 거친 행동으로 남에게 상처 주는 사람들에게 일침을 가하는 말이다.

羊 양 양 頭 머리 두 狗 개 구 肉 고기 육	**양두구육** 羊頭狗肉

115

양의 머리를 걸어놓고 개고기를 팔다.
겉은 훌륭해 보이지만 속은 그렇지 않다는 뜻.

양의 머리를 걸어놓고 개고기를 팔다

제나라의 영공에게는 궁중의 여인들에게 남장을 하라고 강요하는 괴벽이 있었다. 이에 나라 안의 모든 여인들이 온통 남장을 하는 사태가 벌어지게 되었다.

그러자 영공이 궁중 밖에서는 여자가 남장을 하는 걸 금지시켰는데 백성들이 잘 따르지 않았다. 왕이 방도를 묻자, 재상 안자가 말했다.

"궁중 안에서는 남장 여인을 허용하면서 밖에서는 금지하는 것은 마치 양의 머리를 가게 앞에 걸어두고 실제로는 개고기를 파는 것과 같습니다(羊頭狗肉). 그러니 이제부터라도 궁중 안에서도 여자들의 남장을 금하소서." 영공이 이 말에 따랐더니 얼마 후에 나라 안에 남장 여인이 전부 사라졌다.

《안자춘추》

동의어 구밀복검(口蜜腹劍), 면종복배(面從腹背), 소리장도(笑裏藏刀), 표리부동(表裏不同).

| 116 | **조강지처**
糟糠之妻 | 糟 지게미 조
糠 겨 강
之 어조사 지
妻 아내 처 |

가난할 때 함께 고생하며 남편을 지극정성으로 섬긴 아내.

지게미와 쌀겨를 먹으며 고생한 아내

후한의 광무제 때 대사공 송홍은 온후하고 강직한 인물이었다. 광무제에게는 과부가 된 공주가 있었는데, 신하 중에 누구를 마음에 두고 있는지 묻자 송홍을 지목했다. 광무제가 당장 송홍을 불러 이런 뜻을 전하자, 그가 정중히 거절하며 이렇게 말했다.

"가난하고 빈천할 때 사귄 벗을 잊어서는 안 되며, 지게미와 쌀겨를 먹으며 고생한 아내는 쫓아내서는 안 된다고(貧賤之交不可忘 糟糠之妻不下堂) 들었습니다." 《후한서》

刎 목 벨 문 頸 목 경 之 어조사 지 交 사귈 교	**문경지교** 刎頸之交

117

생사를 같이할 수 있는 매우 소중한 친구 사이.

목을 내놓을 수 있을 정도로 친한 사이

조나라 혜문왕 때 염파와 인상여가 나라를 위해 큰 공을 세웠다. 그런데 비천한 집안 출신인 인상여가 높은 벼슬에 오르자 염파가 불만을 터뜨리며 인상여를 만나면 망신을 주겠다고 큰소리쳤다. 그 말을 전해 들은 인상여가 염파와 마주치지 않으려고 피해 다니자 부하들이 물었다.

"왜 그렇게 염파 장군을 두려워하십니까?"그러자 인상여가 대답했다. "다른 나라가 우리를 공격하지 않는 이유는 나와 염파 장군이 있기 때문이다. 우리 둘이 서로 헐뜯고 싸운다면 나라가 위태로워질 것이다." 이 말을 들은 염파는 당장 인상여의 집으로 달려가 백배사죄했고, 두 사람은 목을 내어놓을 수 있을 정도로 절친한 친구(刎頸之友)가 되었다.   《사기》

동의어   금란지교(金蘭之交), 단금지교(斷金之交), 담수지교(淡水之交), 백아절현(伯牙絕絃), 지란지교(芝蘭之交).

118	**유수고산** 流水高山	流 흐를 류(유) 水 물 수 高 높을 고 山 뫼 산

흐르는 물과 높은 산.
자신을 진정으로 알아주는 친구를 뜻함.

나를 알아주는 한 사람의 친구

초나라의 백아는 거문고의 달인으로, 그에게는 자신의 음악을 진정으로 이해해주는 절친한 친구 종자기가 있었다. 백아가 한 번 거문고 줄을 당기면 종자기는 그 곡이 뜻하는 바가 무엇인지 정확하게 알아내고 매번 극찬을 아끼지 않았다.

가령 백아가 거문고로 높은 산과 흐르는 물(高山流水)을 묘사하면 종자기는 대번에 그것을 알아맞히며 함께 감흥에 젖었다. 자신의 예술세계를 이해해주는 단 한 사람의 벗이 있었기에 백아는 행복했다. 이를 일러 '지음(知音)'이라고 한다.

그런데 종자기가 갑자기 세상을 떠나자 백아는 너무나 슬픈 나머지 그토록 애지중지하던 거문고 줄을 스스로 끊어버리고(伯牙絶絃) 죽을 때까지 거문고를 잡지 않았다. 《열자》

동의어 관포지교(管鮑之交), 금란지교(金蘭之交), 문경지우(刎頸之友).

管 대롱 관 鮑 절인 어물 포 之 어조사 지 交 사귈 교	**관포지교** 管鮑之交	**119**

관중과 포숙의 교분.
서로 깊이 믿고 지내는 친구 사이를 뜻하는 말.

서로 깊이 믿고 지내는 진한 우정

제나라 때 관중과 포숙의 오랜 우정에서 비롯된 말. 관중이 포숙을
가리켜 '나를 낳은 것은 부모지만 나를 아는 것은 오직 포숙뿐'이
라고 한 것은 두 사람 사이의 돈독한 관계를 나타내는 유명한 말이
다. 관중은 환공을 도와 군사력의 강화와 산업의 육성을 통해 부국
강병을 이룬 인물이고, 관중을 환공에게 추천한 사람이 바로 포숙
이었다. 《사기》

동의어 금란지교(金蘭之交), 백아절현(伯牙絕絃), 수어지교(水魚之交), 지란지교(芝蘭之交).

120	양금택목 良禽擇木	良 어질 량(양) 禽 새 금 擇 가릴 택 木 나무 목

현명한 새는 나무를 가려 둥지를 튼다. 현명한 사람은 자신의 재능을 알아주는 사람을 벗으로 삼고, 어진 선비는 훌륭한 임금을 가려 섬긴다는 뜻.

현명한 새는 나무를 가려서 둥지를 튼다

공자가 위나라에 갔을 때, 제후 공문자가 찾아와 다른 나라를 침략하여 승리를 거둘 비책이 무엇인지 물었다. 이에 공자가 말했다. "나는 제사를 지내는 일이라면 배운 일이 있지만 전쟁에 대해서는 아는 게 없습니다."

그렇게 말한 후에 공자가 제자들에게 서둘러 떠나자고 재촉했다. "현명한 새는 나무를 가려서 둥지를 틀고(良禽擇木), 어진 신하는 훌륭한 군주를 가려서 섬기는 법이다." 호시탐탐 전쟁의 기회만 엿보는 군주와 함께 있다가는 언제 화를 당할지 모르니 어서 자리를 뜨자는 스승의 말에 제자들은 서둘러 짐 보따리를 챙겼다.

《춘추좌씨전》

천하를 호령했던 한나라의 대장군
- 토사구팽의 장본인이 되어 처형당하다

한신은 중국 강소성 회음(江蘇省 淮陰)에서 태어났다. 어린 시절 양친을 잃고 남의 집에서 밥을 얻어먹거나 낚시질로 생계를 유지하는 등 몹시 빈곤하게 성장한 한신은 스무 살이 되자 장대한 체격에 뛰어난 무예를 가진 청년이 되었다. 그럼에도 한신은 직업도 없이 그냥 놀고먹으며 세월을 보냈다. 문제는 그가 항상 큰 칼을 차고 다니면서도 누구하고도 싸울 생각을 하지 않는다는 것이었다.

마을 사람들은 뚜렷한 직업도 없이 빈둥거리며 살아가는 한신을 바보 취급하며 멸시했다. 어려서는 너무 가난해서 비웃음을 샀는데, 어른이 되어서는 백수건달로 살아가기에 손가락질을 받았다. 어느 날 마을의 불량배가 한신에게 시비를 걸었다. 불량배는 무작정 자신의 가랑이 사이로 기어가라고 놀렸다. 그럼에도 한신은 아무 말 없이 그의 가랑이 사이로 기어서 지나갔고, 이 일로 마을 사람들은 한신을 가리켜 겁쟁이라며 혀를 찼다.

기원전 209년, 때는 진나라 말기였다. 드넓은 대륙 각지에서 진시황제의 학정에 시달리던 백성들이 진나라를 축출하기 위한 봉기를 일으켰다. 항량(項梁)과 그의 조카인 항우(項羽), 유방(劉邦) 등이 그들이었다. 멀리서 이 소식을 들은 한신은 마침내 자신의 시대가 왔다고 판단하고 가장 강력한 세력인 항량의 군대를 찾아갔다. 그는 그동안 혼자 익힌 무예를 전쟁터에서 마음껏 발휘하고 싶어 했다.

그러나 항량이나 항우는 시골 출신인 한신을 거들떠보지 않았다. 보초를 서는 등 하찮은 임무를 맡던 한신이 여러 차례 상관들에게 전략을 제시해도 아무도 귀담아듣지 않았다. 이때 아무런 희망도 없는 나날을 보내고 있던 그에게 소식 하나가 들려왔다. 때는 기원전 206년, 항우와 유방의 연합군이 마침내 오랜 혼란을 마무리하고 진나라를 멸망시켰다는 소식이었다.

연합군을 이끌던 항우는 스스로 서초패왕(西楚霸王)이 되어 공신들을 여러 지방의 제후로 봉했고, 이때 유방은 한왕(漢王)에 올랐다. 이제 본격적으로 항우와 유방의 시대가 열린 것이다. 한신은 항우 아래에서는 더 이상 기대할 것이 없다고 판단하고 유방의 진영에 투항했다. 하지만 유방의 군대에서도 그는 여전히 암담한 상황으로, 보급품을 관리하는 말단직을 전전할 뿐이었다.

이때 그를 눈여겨본 사람이 있었다. 바로 유방의 군대에서 한나라 병사들의 전체 보급품을 관리하고 있던 소하(蕭何)라는 인물이었다. 그는 오래 전부터 유방의 됨됨이를 알아보고 여러모로 도움을 주며 인연을 맺어 온 핵심 참모였다. 후에 소하는 유방이 천하 통일의 대업을 완수하고 한나라를 세웠을 때 승상으로 크게 활약했다.

소하는 한신의 그릇을 알아보고 유방에게 추천했지만, 유방은 처음엔 그를 눈여겨보지 않았다. 이에 실망한 한신은 유방과도 인연이 없다고 생각하고 짐을 꾸렸다. 그러나 이번에도 소하는 그를 그냥 놔두지 않았다. 소하는 즉시 한신을 다시 데려와서는 유방에게 아뢰었다. "단지 작은 땅의 왕으로 머물려고 한다면 한신을 버리시고, 천하의 주인의 되려고 한다면 반드시 한신을 중용하십시오."

유방은 그제야 소하의 요청을 받아들여 한신을 당장 장군으로 임명했다. 보급품 관리 병사에 불과한 한신이 장군으로 진급하다니, 병사들이 술렁거렸지만 유방은 조금도 상관하지 않았다. 한신은 단번에 병사들의 원성을 잠재우는 한편으로, 유방에게 전국의 정세 분석과 천하 패권을 차지할 전략을 내놓았다. 이후 한신은 약속대로 각지에 자리하고 있는 소국들을 차례로 무너뜨리고, 천하 패권을 차지하려면 반드시 필요한 대륙의 중심부 관중 지역까지 평정했다.

기원전 205년, 유방이 연합군을 합해 56만의 병사를 이끌고 항우를 무너뜨리기 위해 결전을 치르게 되었다. 그러나 결과적으로 이 전쟁은 유방의 패배로 끝나고 말았다. 항우의 군대가 아무도 예상하지 못한 경로로 급습해 오는 바람에 유방은 황급히 도망치게 되었다. 이때 항우의 추격을 막아낸 사람이 한신이었다. 그는 방어선을 단단히 구축하여 더 이상 항우가 추격하지 못하게 막았다.

유방이 항우에게 패하자 간신히 결집되었던 연합군이 와해되기 시작했고, 많은 세력들이 다시 항우 편으로 돌아섰다. 하지만 그들의 싸움이 완전히 끝난 것은 아니었다. 중국 대륙의 주인을 확정하려면 아직 많은 시간이 남아 있었고, 그렇기에 전투는 계속되어야 했다. 그렇다는 것은 한신에게는 아직 해야 할이 아주 많이 남아 있다는 뜻이었다.

이때부터 한신은 연전연승이었다. 한신은 그동안 밑바닥을 전전해 왔던 설움을 떨쳐내려는 듯 탁월한 전략과 용맹한 전투 능력을 발휘하면서 유방을 중국 대륙의 주인이 되게 하는 데 일등공신이 되었다. 결국 유방이 이끄는 한나라 군대는 중국 대륙 전역에 포진하고 있던 여러 나라들을 차례로 멸망시키고, 이제 남은 사람은 항우 하나뿐이었다.

기원전 202년, 마침내 유방은 해하(垓下)라는 곳에서 항우와 최후의 일전을 치르게 되었다. 한신은 30만 대군을 이끌고 항우의 군대를 겹겹이 포위한 채 끝까지 밀어붙였다. 악착같이 버티던 항우의 진영은 군량미가 바닥나고, 군대의 사기도 완전히 떨어지기 시작했다. 천하를 호령하던 항우도 이제는 끝장을 목전에 두고 있었다.

이때 한신은 항우의 군대를 에워싸고 있는 병사들에게 초나라의 노래를 부르게 했다. 그것은 마지막 한 방이었다. 이때 나온 말이 바로 '사면초가(四面楚歌)'였다. '사방에서 들려오는 초나라 노래'라는 뜻으로, 고향 노래를 들은 초나라 병사들은 고향에 남겨두고 온 가족 생각에 눈물을 흘리며 너나없이 군대를 이탈하기 시작했고, 모든 것을 잃은 항우는 결국 스스로 목숨을 끊었다.

이로써 유방은 마침내 천하의 주인공이 되었다. 유방은 황제 즉위식에서 자신의 승리는 소하의 행정력과 장량의 계책, 그리고 한신의 전략 덕분이라며 이들의 공을 치하했다. 후대 사람들은 그중에서도 한신의 역할을 제일 높이 평가했는데, 누구와 싸워도 패배를 모르며 백전백승을 올렸던 한신의 전투 전략이 유방의 천하 통일에 결정적인 기여를 했기 때문이다.

그 뒤 한신은 초나라 왕에 임명되었다. 그러나 애석하게도 거기까지였다. 임지로 떠난 지 불과 9개월 만에 한신은 반란죄로 체포

되고 말았다. 황제 유방을 가까이 모시는 세력들은 한신의 막강한 군사력을 두려워했다. 한신이 반역을 도모한다면 당해낼 자가 아무도 없었기 때문이다. 그래서 그들은 한신이 반란을 꾀하고 있다고 밀고하면서 차라리 그를 없애 버리기로 하였다.

마침내 황제 앞으로 끌려 나온 한신이 말했다. "날쌘 토끼를 사로잡으면 사냥개는 필요가 없으니 잡아먹힌다더니, 천하가 평정되니 내가 죽게 되는구나!"

그러나 이때까지만 해도 반란죄가 완전히 입증되지 않았기에, 한신은 간신히 목숨을 건지고 회음 지방을 다스리는 제후에 봉해졌다. 그렇더라도 그의 목숨은 여전히 위태로웠다. 그에게 쏟아지는 의심의 눈초리가 여전했고, 황제에게 그의 위험성을 알리는 신하들이 멈추지 않았기 때문이다. 그로부터 얼마 뒤, 한신은 황제의 명을 맡고 대궐에 들어서다가 대궐 입구에서 매복 중이던 군대에게 끝내 살해당했다.

돌이켜보면 한신에게도 대륙의 주인이 될 기회가 여러 차례 있었다. 한신의 참모들은 오래 전부터 그에게 항우나 유방과 함께 천하를 삼분하여 나눠 가질 것을 조언했었다. 사실 한신의 출중한 군사 능력이라면 충분히 가능한 이야기였다. 심지어 항우조차도 밀사를 보내 대륙을 항우, 유방과 함께 삼분하자고 권유할 정도였다.

그러나 한신은 그런 말을 귀담아듣지 않고 끝까지 유방에게 충성했다가 끝내 배신의 쓴잔을 마시며 목숨을 잃고 말았다.

《사기(史記)》에는 이런 이야기가 실려 있다. 유방이 천하를 통일한 후 한신을 초나라 왕에 임명하면서 이렇게 물었다. "나는 얼마쯤의 군사를 거느릴 수 있느냐?" 한신은 유방의 질문 의도를 알아차리지 못하고 '10만 정도'라고 대답했다. 이에 유방이 또 물었다. "그럼 그대는 얼마쯤인가?" 한신은 '많으면 많을수록 좋다(多多益善)'고 대답했다.

황제보다 더 많은 군사를 가지겠다는 대답에 모든 신하들이 어이없다는 표정을 지었지만, 한신은 조금도 개의치 않고 이렇게 대답했다. "황제께서는 장수의 능력은 없지만 장수를 통솔하는 능력을 갖고 있는 바, 그것은 도저히 인간의 능력으로 논할 수가 없습니다." 설명은 그럴 듯했지만, '군사 문제는 누구도 나를 따를 수 없다!'는 식의 오만한 답변에 신하들의 표정은 싸늘히 식었다.

이런 오만함과 자부심이 문제였을까? 탁월한 군사력으로 대륙을 휩쓸었던 한신은 바로 그런 이유 때문에 언제든 황제를 위협하는 인물로 각인되었다. 토사구팽은 그에게 당연한 운명이었던 셈이다.

121	**구상유취** 口 尙 乳 臭	口 입구 尙 아직 상 乳 젖유 臭 냄새 취

입에서 아직 젖비린내가 남.
그만큼 언행이 아직 유치한 수준이라는 뜻.

그런 녀석은 젖비린내 나는 풋내기야!

한때 유방에 복종했던 위나라 제후가 돌연 항우 편에 붙으려고 했다. 유방이 즉시 신하를 보내 만류했지만, 그는 오히려 유방을 비난하며 전혀 움직일 생각을 하지 않았다. 유방이 그를 응징하기 위해 한신을 보내게 되었는데, 이때 한신이 상대할 장수가 백직이라는 말을 듣고 코웃음을 치며 말했다.

"그런 녀석은 입에서 젖비린내가 나는(口尙乳臭) 풋내기야. 백전백승인 내게 당할 수 없지." 과연 한신은 순식간에 적군을 무찌르고, 백직은 물론 제후까지 사로잡았다.

國 나라 국		
士 선비 사	**국사무쌍**	**122**
無 없을 무	國士無雙	
雙 두 쌍		

나라에 둘도 없이 뛰어난 인물.

나라에 둘도 없는 중추적 인물

한신은 원래 항우 밑에 있던 인물이었다. 전장을 누비는 장수가 될 꿈을 안고 항우의 군대에 들어갔으나 그에게 맡겨진 임무는 고작 보초를 서는 일이었다. 이에 실망한 한신이 유방의 군대에 투신했지만, 처음 맡겨진 임무는 기껏해야 보급품을 관리하는 일이었다.

　여기서도 실망한 한신이 모두 포기하고 고향으로 돌아가려고 할 때, 한나라 군대의 보급품 관리를 총괄하는 유방의 참모 소하(蕭何)가 그에게 손을 내밀며 유방에게 데려갔다. 이때 소하는 이렇게 말했다. "한신은 한나라의 둘도 없는 중추적 인물이 될 것입니다(國士無雙)."

123	**다다익선** 多多益善	多 많을 다 益 더할 익 善 좋을 선

많으면 많을수록 더욱 좋음.

병사를 많이 가질수록 좋다고 대답한 한신

유방이 천하를 통일한 후 한신을 초나라 왕에 임명하면서 그의 의중을 떠보기 위해 이렇게 물었다. "짐은 얼마쯤의 군사를 거느릴 수 있겠느냐?" 이에 한신이 대답하기를 10만 정도라고 했다. 유방이 '그럼 그대는 얼마쯤인가?' 하고 또 묻자, 한신은 많으면 많을수록 좋다고(多多益善) 대답했다.

황제보다 더 많은 군사를 가지겠다는 대답에 유방이 연유를 묻자, 한신은 이렇게 대답했다. "황제께서는 장수의 능력은 없지만 장수를 통솔하는 능력을 갖고 있는 바, 그것은 도저히 인간의 능력으로 논할 수가 없습니다."

말인즉슨 옳은 말이었지만, 그 순간 한신은 가뜩이나 그의 군사력에 위협을 느끼는 유방에게 언젠가는 반드시 제거해야 할 인물이라는 인식을 심어주었다. 이때 이미 한신의 비극은 시작되고 있었던 것이다.

背 등질 배 水 물 수 之 어조사 지 陣 진을 칠 진	**배수지진** 背水之陣

124

강을 등지고 진을 친다는 말.
더 이상 물러설 곳이 없어 목숨을 걸고 싸울 수밖에 없는 상황을 일컫는 말.

죽기로 작정하고 싸우면 살 수 있다

한신이 위나라를 무너뜨린 여세를 몰아 조나라를 공격할 때의 일이다. 한신이 2천의 기병을 선발하여 조나라 성채 바로 뒤에 매복시키고 말했다. "우리가 조나라 군대와 맞서다가 후퇴하면, 저들은 우리를 단숨에 무찌르려고 성채까지 비우고 총공격을 해올 것이다. 그 틈을 타서 너희들은 조나라 성채로 들어가 한나라 깃발을 높이 올려라."

한신은 그 전에 먼저 1만의 병사들을 선발하여 아군의 뒤로 흐르고 있는 강 앞에 진을 치게 했다(背水之陣). 여기서 물러서면 강물에 빠져 죽는 것이니 병사들로서는 싸우다 죽으나 물에 빠져 죽으나 죽음은 매일반인 상황이 되었다. 한신의 노림수는 이것이었다. "죽기로 작정하고 싸우면 살고, 살자고 작정하며 피할 구멍을 만들어 놓으면 반드시 죽는다."

이 작전은 멋지게 들어맞아 죽기를 각오하고 싸우는 한나라 군대에 맞선 조나라 병사들은 훨씬 많은 병력을 보유하고도 패할 수밖에 없었고, 퇴각을 하려니 이미 성은 한나라 병사들에 의해 점령되어 오도 가도 못하는 신세가 되었다.

동의어 사량침주(捨量沈舟), 제하분주(濟河焚舟), 파부침주(破釜沈舟).

| 125 | **부인지인**
婦人之仁 | 婦 며느리 부
人 사람 인
之 어조사 지
仁 어질 인 |

여인네의 하찮은 어짊이라는 뜻.
남자의 우유부단하거나 나약한 심성을 일컫는 말.

작은 아량에 사로잡혀 우왕좌왕하다

한신은 항우가 유방보다 훨씬 막강한 군사력을 보유하고도 끝내
패배한 원인을 '부인지인(婦人之仁)'과 '필부지용(匹夫之勇)' 때문
이었다고 간단히 결론지었다.

부인지인은 부녀자의 어진 마음이라는 말로, 장수는 자기 뜻을 관
철하기 위해 굳은 신념과 과단성 있는 행동을 앞세워야 함에도 항우
는 작은 아량에 사로잡혀 우왕좌왕함으로써 대사를 그르치는 일이 많
았다는 뜻이다. 필부지용은 한낱 평범한 사내의 용기라는 뜻으로, 항
우가 막판의 연이은 패배로 인한 울화를 참지 못하고 스스로 목숨을
끊음으로써 재기의 기회를 저버린 것을 비판하는 말이다.

항우는 큰 몸집에 남다르게 큰 포부를 지닌 사내였음에도 유난히
여린 심성으로 인해 유방을 제압할 결정적인 순간을 놓쳐버리거나 일
시적인 화를 견디지 못하고 탁월한 참모들을 잃는 경우가 많았다. 반
면에 유방은 자신이 황제가 되는 데 결정적인 역할을 한 한신을 내칠
만큼 냉정한 인간성의 소유자였다고 전해진다.

聲 소리 성	
東 동녘 동	**성동격서**
擊 칠 격	聲東擊西
西 서녘 서	

126

동쪽에서 큰 소리를 내어 공격하는 척하면서 서쪽을 친다는 뜻.
상대를 기만하여 공격하는 병법의 하나.

은밀하고 재빠르게 상대편을 속여라

한신이 위나라를 칠 때, 적장은 황허강 동쪽 포구인 포판(蒲坂)이 란 곳에 진을 치고 한나라 군대가 강을 건너오지 못하도록 가로막 고 있었다. 한신은 그들의 건너편에 진을 치고 병사들에게 밤낮으 로 적극적으로 공격하는 척하도록 하라고 명했다.

위나라 군대가 이런 상황에 신경을 곤두세우고 있을 때, 한신은 몰 래 군대를 이끌고 적의 반대편으로 뗏목을 타고 진격하여 단번에 위 나라 왕을 사로잡았다. 병법에서, 한쪽을 공격할 듯이 하면서 은밀하 고 재빠르게 상대편을 속이고 방비가 허술한 다른 쪽으로 쳐들어가는 전략을 말한다.

동의어 암도진창(暗渡陳倉).

127	우자일득 愚者一得	愚 어리석을 우 者 놈 자 一 한 일 得 얻을 득

어리석은 사람도 많은 생각을 하다 보면 한 번쯤 쓸모 있는 생각을 하게 된다.

어리석은 사람도 천 번을 생각하면

한신이 조나라의 20만 대군을 물리치고 책사 이좌거를 사로잡았다. 한신이 그에게 장차 연나라와 제나라를 제압할 방안을 묻자, 그가 여러 차례 사양하다가 답했다.

"슬기로운 사람도 천 번 생각에 한 번의 실수(千慮一失)가 있을 수 있고, 어리석은 사람도 천 번 생각하여 한 번은 맞힐 수 있습니다(愚者千慮 必有一得). 제가 비록 어리석으나 한 말씀 올리겠습니다."

《사기》

해설 책사는 명석한 두뇌와 전략적 사고를 가진 사람으로 오늘날의 말로 표현하자면 '싱크탱크'라고 할 수 있다. 제갈량이나 사마의가 대표적인 책사로, 이들은 뛰어난 지략으로 물고 물리는 대접전을 펼쳤다. 《삼국지》에는 그 밖에도 칼이 아니라 머리하나로 전쟁터를 누빈 순욱, 방통, 노숙 같은 인물들이 등장한다.

運 옮길 운
籌 산가지 주
帷 휘장 유
幄 휘장 악

운주유악
運籌帷幄

128

장막 안에 가만히 들어앉아서 전쟁에 이길 계책을 꾸미다.

천 리 밖의 장막에서 전략을 세워 승리를 얻다

항우와의 오랜 전쟁에서 이기고 마침내 천하를 통일한 유방이 대궐에서 잔치를 베풀며 신하들에게 물었다.

"경들은 내가 천하를 얻은 까닭이 무엇이라고 생각하오?"

이에 신하들이 항우의 용렬함과 유방의 탁월함에 대해 침이 마르게 칭찬하자 유방이 머리를 흔들며 말했다.

"그렇지 않소. 나는 장막 안에서 전략을 세워(運籌帷幄) 천 리 밖의 승리를 얻게 하는 데는 장량만 못하고, 나라를 편안히 하고 백성을 어루만지며 군대에 보급이 끊어지지 않도록 하는 일에는 소하만 못하며, 백만의 병사를 거느리고 나아가 싸우면 반드시 이기고 공격하면 반드시 빼앗는 일에는 한신보다 못하오. 내가 그들을 잘 통솔하였기에 재능을 맘껏 발휘할 수 있었소. 그것이 바로 내가 항우를 이기고 천하를 차지한 이유라오." 《사기》

129	**일반천금** 一飯千金	一 한 일 飯 밥 반 千 일천 천 金 쇠 금

한 끼 식사에 천금으로 은혜를 갚음.

소소한 은혜에 크게 보답하는 것을 일컫는 말.

밥 한 끼의 은혜를 천금으로 갚다

한신은 일찍 양친을 잃고 어려서는 구걸을 해서 먹고 사는 등 무척 불우하게 지냈다. 그리고 조금 성장해서는 누구도 그를 눈여겨보는 사람이 없어 여전히 비천하게 살고 있었다. 마을 사람들은 멀쩡한 허우대로 놀고먹는 그를 비웃으며 아무도 따뜻하게 대하지 않았다. 어느 날 한 노파에게 밥 한 끼를 얻어먹고 겨우 허기를 면한 한신은, 그 일을 평생 잊지 않고 있다가 부귀를 누리게 되자 천금으로 갚았다고 한다.

鼎 솥 정 足 발 족 之 어조사 지 勢 형세 세	**정족지세** 鼎足之勢	130

솥의 발처럼 세력이 균형을 이루고 있는 모양.

적장 한신을 향한 항우의 유혹

백전백승의 명장 한신은 항우에게 정말 골칫거리였다. 어느 날 항우가 한신에게 밀사를 보내 이렇게 전했다. "천하를 셋으로 나누어 솥의 발처럼 세워놓으면, 그런 형세에서는 누구도 감히 먼저 움직이지 못할 것이오(鼎足之勢)."

예로부터 중국의 솥은 발이 세 개로, 이러한 상황을 빗대어 천하를 삼분(三分)하자고 권하는 말이었다. 그것은 곧 한신에게 유방을 배신하고 또 하나의 세력을 구축하라는 충고였고, 그를 위해 항우가 한신을 돕겠다는 내용이었다. 그러나 유방과의 의리를 중요시하는 한신에게 그런 말은 그 자체로 모욕이었기에 한 발짝도 움직이지 않았다.

131	토사구팽 兎死狗烹	兎 토끼 토 死 죽을 사 狗 개 구 烹 삶을 팽

토끼 사냥이 끝나면 사냥하던 개는 쓸모없게 되어 삶아 먹히게 된다.
필요할 때는 요긴하게 써먹고, 일이 끝나면 냉정하게 버린다는 뜻.

토끼를 잡고 나면 사냥개를 삶아 먹는 법이다

월나라 구천이 패권을 차지할 수 있었던 데는 범려와 문종의 공이
컸다. 그러나 범려는 구천을 믿을 수 없는 인물이라 판단하고 국외
로 탈출한 후에 친구인 문종을 염려하여 이런 편지를 보냈다.

"새 사냥이 끝나면 좋은 활은 감추어지고, 영리한 토끼를 잡고
나면 사냥개를 삶아 먹는 법이오(狡兎死走狗烹)."

그러나 문종은 구천을 배신할 수 없어 주저하다가 후에 반역죄
로 몰려 끝내 자결하고 말았다.

한편 유방이 항우를 꺾고 황제가 된 후에 일등공신 한신을 무자
비하게 제거하려 하자, 한신도 같은 말을 했다.

"영리한 토끼를 사냥하고 나면 사냥개는 삶아 먹히고(狡兎死走
狗烹), 하늘 높이 나는 새를 다 잡으면 활은 곳간에 처박히며, 적국
을 쳐부수고 나면 지혜로운 신하는 버림받는다." 《사기》

韓 나라 이름 한 信 믿을 신 匍 길 포 匐 길 복	## 한신포복 韓信匍匐	132

한신이 엎드려 기어가다.
큰 뜻을 가진 사람은 일시적인 고초나 부끄러움을 참고 이겨내야 한다는 뜻.

불량배의 가랑이 사이로 기어간 한신

한신은 소년 시절에 이미 육 척 장신에 엄청난 괴력의 소유자로, 옆구리에 항상 큰 칼을 차고 다녔다. 그럼에도 뚜렷하게 하는 일도 없고, 누구와 싸우는 일도 없어 마을 사람들로부터 겁쟁이라는 조롱을 받았다.

하루는 불량배가 한신 앞을 가로막더니 다짜고짜 자기의 가랑이 사이로 기어가라고 명령했다. 그러자 한신은 두 말 없이 그의 명령에 따랐다. 큰 뜻을 품은 자는 눈앞의 작은 고초나 부끄러움에 마음이 흔들려 함부로 몸과 마음을 낭비해서는 안 된다는 사실을 보여준 것이다.

제4장

먼 곳을 가려면
반드시 가까운 곳부터

| 133 | 불치하문
不恥下問 | 不 아닐 불
恥 부끄러울 치
下 아래 하
問 물을 문 |

자기보다 아랫사람에게 배우는 것을 부끄럽게 여기지 마라.

아랫사람에게 묻는 것을 부끄러워하지 마라

공어라는 사람의 시호는 문(文)으로, 그를 공문자(孔文子)라고 부르며 따르는 사람들이 많았다. 어느 날 자공이 공자에게 물었다. "공문자는 왜 시호를 문이라고 한 것입니까." 공자께서 말씀하셨다. "그는 영민하면서도 배우는 것을 좋아하여 아랫사람에게 묻는 것을 부끄러워하지 않는다(不恥下問). 이 때문에 그런 것이다." 《논어》

해설　《논어》〈공야장〉 편에 나온다. 자기보다 못한 사람에게도 묻는 것을 수치로 여기지 말라는 의미로, 진리 앞에 겸손하라는 뜻으로 쓰인다.

以 써 이 德 덕 덕 報 갚을 보 怨 원망할 원	**이덕보원** 以德報怨	**134**

원한이 있음에도 보복하지 않고 도리어 은혜를 베풀다.

은덕으로 원한을 갚는다면

어떤 사람이 공자에게 여쭈었다. "은덕으로써 원한을 갚으면 어떻겠습니까(以德報怨)." 공자께서 말씀하셨다. "그러면 덕은 무엇으로 갚겠는가? 원한은 그릇된 것을 바로잡는 마음으로 갚고, 은덕은 은덕으로 갚는 것이다."

《논어》

해설 《논어》〈헌문〉편에 나온다. '이직보원(以直報怨)'이란 말도 있다. 공정한 태도로 원수를 대하고 정의로써 원한을 갚는 것을 말한다. 덕으로 원한을 갚을 필요가 없고, 오직 정의로써 원한을 갚으면 공평하다는 뜻이다.

135	화이부실 華而不實	華 빛날 화 而 말 이을 이 不 아닐 부 實 열매 실

꽃은 피지만 열매가 없다.
겉은 그럴듯하지만 실속은 없다는 뜻.

겉만 번지르르하고 실속이 없다

진나라 대부 양처보가 위나라에 사신으로 갔다 돌아오는 길에 어느 마을의 객점에서 하룻밤 머물게 되었다.

이튿날, 객점 주인이 양처보의 됨됨에 반하여 그를 따라나섰다. 그런데 며칠 뒤에 객점 주인이 집으로 돌아왔다. 아내가 까닭을 묻자, 그가 말했다.

"그는 성격이 지나치게 강직하고 융통성이 없는 데다 겉만 번지르르하고 실속이 없어(華而不實) 그를 따라갔다가는 큰 변을 당할 것 같아 그냥 돌아왔소." 몇 년 뒤에 양처보는 왕의 미움을 사는 바람에 죽임을 당했다.

《춘추좌씨전》

동의어   유문무실(有聞無實).

代 대신할 대
人 사람 인
捉 잡을 착
刀 칼 도

대인착도
代人捉刀

136

남을 대신해서 칼을 잡다.
남을 대신해서 일을 한다는 뜻.

당당한 풍채의 부하가 대신한 황제의 자리

흉노의 사신이 조조를 만나러 왔을 때, 체구가 매우 작았던 조조가 신하 최염에게 왕의 복장으로 그를 맞도록 시키고는 자신은 칼을 잡고 옆에 서 있었다(代人捉刀). 최염은 우람한 체구에 당당한 풍채로 언변까지 능한 사람이었다.

접견을 마친 후, 조조가 흉노의 사신에게 사람을 보내 위나라 왕에 대해 어떻게 생각하는지 알아보게 했다. 이에 흉노의 사신은 왕의 고상한 덕이 참으로 대단했다고 칭찬하면서, 칼을 들고 옆에 서 있던 자는 대단치 않은 인물로 평했다. 조조는 흉노의 사신을 당장 죽여버렸다고 한다.

《세설신어》

해설   조조의 원래 성은 하후(夏侯)인데 부친 조숭이 후한의 환관 조등의 양자가 되면서 조씨가 되었다. 조조는 어린 시절부터 유난히 작은 키에 매우 영특하고 기민했으며 임기응변에 능했다고 한다.

137	행원필자이 行遠必自邇	行 다닐 행 遠 멀 원 必 반드시 필 自 어조사 자 邇 가까울 이

'천 리 길도 한 걸음부터'라는 속담과 같다.
아무리 먼 길이라도 반드시 가까운 곳으로부터 시작된다는 뜻.

먼 곳을 가려면 반드시 가까운 곳으로부터

군자의 도란 비유하자면 먼 곳을 가려면 반드시 가까운 곳으로부터 출발해야 하는 것과 같고(行遠必自邇), 높은 곳을 오르려면 반드시 낮은 곳으로부터 시작해야 하는 것과 같다(登高必自卑).

《중용(中庸)》

해설 군자가 도를 닦는 일은 말하자면 먼 곳을 떠나거나 높은 산에 오르는 일과 같아서 처음부터 착실히 발걸음을 해야 한다. 도를 닦는 일은 한 그릇의 물을 마시듯이 단숨에 되지 않고 반드시 가까운 곳에서부터, 그리고 반드시 낮은 곳으로부터 시작된다는 가르침이다.

本 근본 본 立 설립 道 길 도 生 날 생	**본립도생** 本立道生

기본이 제대로 서면 길은 자연히 열린다.

군자는 근본에 힘쓴다

공자의 제자인 유자가 말했다. "사람됨이 부모에게 효도하고 어른을 공경하면서 윗사람 해치기를 좋아하는 사람은 드물다. 윗사람 해치기를 싫어하면서 질서를 어지럽히기를 좋아하는 사람은 없다. 군자는 근본에 힘쓰는 것이니, 근본이 확립되면 따라야 할 올바른 도리가 생겨난다(本立道生). 효도와 공경은 바로 인을 실천하는 근본이다."

《논어》

해설   《논어》〈학이〉편에 나온다. 세상의 모든 일은 근본이 탄탄히 확립되면 그다음엔 도리가 뒤따라 일이 이루어진다는 뜻이다. 기본을 무시해서 큰 낭패를 보는 우리 현실을 꼬집는 듯하다. 유자는 공자가 사랑한 제자 유약을 가리킨다.

139	악목도천 惡木盜泉	惡 악할 악 木 나무 목 盜 도둑 도 泉 샘 천

아무리 곤란한 치지에 놓여도 부끄러운 일은 하지 않는다.

나쁜 나무 그늘에서는 쉬지 않는다

공자가 어느 마을을 지나다 목이 말라서 샘을 찾았다. 동네 사람들에게 샘의 이름을 물으니, '도둑 샘'이라는 뜻의 도천(盜泉)이라고 하자 이름이 나쁘다며 마시지 않았다. 이후 군자는 아무리 더워도 나쁜 나무(惡木) 그늘에서는 쉬지 않고, 아무리 목이 말라도 도(盜)라는 이름이 붙은 샘물은 마시지 않는다는 뜻으로 쓰이게 되었다.

《문선(文選)》

해설   아무리 곤란한 처지에 놓이더라도 자신에게 부끄럽지 않게 살라는 뜻이다. 진나라 문인 육기(陸機)는 공자의 일화를 바탕으로 다음과 같은 시를 지었다. "아무리 목이 말라도 도둑 샘물은 마시지 않고, 아무리 더워도 악한 나무 그늘에서는 쉬지 않는다. 악한 나무라 해서 가지가 없을 리 없지만 뜻이 높은 선비는 고심이 많다."

白 흰 백 駒 망아지 구 過 지날 과 郤 틈 극	**백구과극** 白駒過郤	**140**

문틈 사이로 흰 망아지가 휙 지나는 순간을 언뜻 보다.
세월이 덧없이 빨리 지나가는 것을 일컫는 말.

문틈으로 망아지가 달려가는 것을 보다

사람이 사는 것은 마치 문틈으로 흰 망아지가 달려가는 것을 보는
것처럼(白駒過郤) 순식간이다. 모든 사물은 물이 솟아나듯 문득 생
겼다가 물이 흐르듯 문득 사라져가는 것이다.　　　　　　　《장자》

동의어　극구광음(隙駒光陰).

해설　《장자》〈지북유〉편에 나온다. 본래 노자의 말로, 인생이란 작은 문틈으로 흰 망아
지가 휙 지나가는 것처럼 순식간이라는 의미이다. 동의어 '극구광음' 역시 인생의 덧
없음을 표현하는 말이다. 퇴계 이황은 아들에게 보내는 편지에 이렇게 썼다. "세월
이란 네 마리 말이 끄는 수레가 달려가는 것을 문틈으로 보는 것처럼 순식간이니
지금 부지런히 공부하지 않으면 도저히 뒤쫓아 갈 수 없다. 부디 마음에 새겨 한시
도 소홀히 하지 말거라."

141	# 수주대토 守株待兔	守 지킬 수 株 그루터기 주 待 기다릴 대 兔 토끼 토

그루터기에 앉아서 토끼가 나타나기를 기다리다.
고지식하고 융통성 없는 사람을 일컫는 말.

되지도 않을 일을 기다리는 사람

송나라의 한 농부가 밭을 갈다가 풀숲에서 뛰어나온 토끼가 밭 한 가운데 있는 그루터기에 부딪혀 목이 부러져 죽는 걸 보았다. 이때부터 농부는 농사일은 그만두고 매일같이 그루터기 옆에 앉아 토끼가 뛰어나오길 기다렸다(守株待兔). 하지만 토끼는 두 번 다시 나타나지 않았고, 그사이에 밭은 엉망이 되어 온 마을의 웃음거리가 되고 말았다.

《한비자》

동의어 각주구검(刻舟求劍).

해설 《한비자》를 지은 한비 는 요순시대의 왕도정치를 이상적인 것으로 여기는 사람들에게 그것은 시대에 뒤떨어진 사상이라고 주장하면서 이 말을 했다. '수주대토'는 낡은 관습에 매달려 새로운 시대에 따르지 못하는 행태를 꼬집고 있다. 이 이야기는 〈오두〉 편에 나오는데, 오두는 '나라를 망치는 다섯 가지 좀'이라는 말로 '학자, 논객, 협사(俠士), 측근, 상공인' 등 다섯 부류를 말한다.

| 鷄 닭 계
肋 갈비 륵 | **계륵**
鷄肋 | **142** |

닭의 갈비. 먹을 것은 없지만 버리기는 아깝다는 말.
무엇을 취하기는 해도 별로 이익이 없다는 뜻이다.

먹을 것은 없지만 버리기는 아까운 것

중국 대륙의 심장부인 관중 지역의 중심부는 한중(漢中)이라는 곳
이었다. 이 땅을 놓고 유비와 다투던 조조가 고민에 빠지고 말았
다. 한중 땅은 사실은 닭갈비처럼 먹을 것은 없지만 버리기엔 너무
아까웠기 때문이다.

어느 날, 저녁식사로 나온 닭갈비 국을 먹고 있던 조조에게 부하
가 암구호를 뭐라 정할지 묻자 불쑥 '계륵(鷄肋)'이라고 내뱉었다.
아무도 무슨 뜻인지 몰랐는데, 양수라는 장수만 이를 알아듣고 부
하들에게 당장 철수 준비를 하라고 지시했다. 부하들이 까닭을 묻
자, 양수가 대답했다.

"닭갈비는 먹을 건 없지만 버리기는 아깝소. 그렇다고 무리해서
뜯을 것까지는 없지요. 주군께서는 곧 철수 명령을 내릴 것이오."
양수는 조조의 속내를 정확히 꿰뚫었지만, 속마음을 들킨 조조는
불같이 화를 내며 군기를 누설했다는 이유로 그를 참수해버렸다.

《후한서》

143	**도역유도** 盜亦有道	盜 도둑 도 亦 또 역 有 있을 유 道 도리 도

도둑에게도 도둑으로서의 도(道)가 있다.

도둑이 갖춰야 할 다섯 가지 도

춘추시대의 유명한 도둑 도척에게 부하들이 물었다.

"도둑에게도 도가 있습니까?" 도척이 대답했다.

"어느 곳인들 도가 없는 데가 있겠느냐? 사람의 집에 무엇이 있는가를 알아내는 일은 성(聖)이요, 앞에 나서서 침입하는 것이 용(勇)이며, 훔치고 나올 때 맨 뒤에 서는 것이 의(義)요, 도둑질의 성공 여부를 판단하는 것은 지(知)이며, 훔친 것을 공평히 나누는 것이 바로 인(仁)이다. 이 다섯 가지를 갖추지 않고서 큰 도둑이 된 일은 일찍이 없었느니라." 《장자》

해설 도척은 공자와 같은 시대를 살았고, 현인 유하혜의 아우였다고 한다. 한편 《장자》〈잡편〉에 도척에 대한 설명이 나온다. "부하 9천 명을 거느리고 천하를 횡행했으며, 태산 기슭에서 사람의 간을 회로 썰어 먹었다."

觀 볼 관		
過 허물 과	**관과지인**	**144**
知 알 지	觀過知仁	
仁 어질 인		

어짊(仁)과 어질지 않음(不仁)은 그가 저지른 잘못을 보면 금방 알 수 있다.

잘못의 과정을 보면 그 사람의 인함이 보인다

공자께서 말씀하셨다. "군자의 과오는 관대함에서 나오고, 소인의 과오는 잔인함에서 나오는 것이다. 과오를 보면 인(仁)과 불인(不仁)을 금세 알 수 있다."

《논어》

해설　《논어》〈이인〉 편에 나온다. 사람은 누구나 허물이 있고, 잘못을 저지른다. 어떤 사람의 과오를 보면 그의 인함을 알 수 있다. 군자의 잘못은 그의 성품이 후덕한 데서 생기지만, 소인의 허물은 그의 성품이 각박하고 박덕한 데서 생긴다. 잘못을 저지른 과정을 보고 그 사람의 어질고 어질지 않음을 알 수 있다는 말이다.

145	**불인지심** 不忍之心	不 아닐 불 忍 참을 인 之 어조사 지 心 마음 심

남의 불행을 보고 차마 모른 척하고 지나칠 수 없는 마음.

차마 지나치지 못하는 마음으로 정치를 하면

맹자가 제나라에 있을 때, 잔혹한 정치를 펼치는 군주들에게 각성을 요구하면서 이렇게 말했다.

"임금에게는 차마 지나치지 못하는 마음이 있으니(不忍之心), 이에 차마 그냥 못 본 척할 수 없는 정사(政事)가 있다. 백성들에게 차마 지나치지 못하는 마음으로 그냥 못 본 척할 수 없는 정사를 행한다면 천하를 다스리는 것은 손바닥에서 움직이는 것과 같을 것이다."

《맹자》

해설 《맹자》〈공손추〉편에 나온다. 군주란 모름지기 백성의 어려움을 하나라도 흘려듣거나 가벼이 보지 말고 자기 일처럼 생각해야 한다는 가르침이다.

貧 가난할 빈	빈자일등	146
者 놈 자	貧者一燈	
一 한 일		
燈 등 등		

가난한 사람이 밝힌 등불 하나.
가난한 사람의 작은 정성이 부자들의 보시(布施)보다 더 가치가 있다.

새벽까지 홀로 남아 반짝이는 등불

석가모니가 사위국(舍衛國)의 어느 정사에 머물고 있을 때, 사람들이 공양을 하러 몰려들었다. 그 광경을 본 난타라는 가난한 여인이 자기 처지로는 그 어떤 공양도 할 수 없음을 한탄하다가 온종일 구걸하여 번 돈을 가지고 기름집으로 갔다.

워낙 적은 돈이라 기름을 살 수 없는 형편이었지만 주인은 여인의 뜻을 갸륵하게 여겨 기름을 듬뿍 내주었다. 여인은 그 기름으로 등을 하나 만들어 석가에게 바쳤는데, 수많은 등불 속에서 난타가 바친 등불만이 새벽까지 남아서 밝게 타고 있었다. 석가는 난타의 정성을 알고 당장 비구니로 받아들였다. 《현우경(賢愚經)》

147	교주고슬 膠柱鼓瑟	膠 아교 교 柱 기둥 주 鼓 두드릴 고 瑟 거문고 슬

거문고의 기둥을 아교로 붙여놓고 거문고를 타다. 거문고에 아교를 칠하면 줄이 고정되어 한 가지 소리만 나듯이 융통성 없이 원칙만 지키는 사람.

병법서만 달달 외웠던 장수의 무참한 패배

조나라 장군 조괄은 어려서부터 병법 공부에 전념하여 군사 이론에 높은 식견을 갖고 있었지만 진짜 전쟁터에 나간 적은 한 번도 없었다. 그가 장성하여 조나라의 장군이 되었을 때, 진나라 첩자들이 '진나라는 혈기왕성한 조괄이 대장군이 되는 것을 몹시 두려워한다'는 유언비어를 퍼뜨렸다.

이에 조나라 왕이 당장 조괄을 대장군에 임명하려고 하자 재상 인상여가 간언했다. "조괄을 대장군에 임명하는 것은 마치 기둥을 아교로 붙여놓고 거문고를 타는 것과 같습니다(膠柱鼓瑟). 그는 단지 병법서만 달달 외웠을 뿐 상황에 맞춰 응용할 줄 모릅니다."

그러나 조나라 왕은 끝내 조괄을 지휘관에 임명했고, 그는 병법서의 이론대로 곧이곧대로 작전을 펼치다가 전쟁에 대패하고 조나라 병사 45만 명과 함께 생매장을 당하고 말았다. 《사기》

鄭 나라 정
人 사람 인
買 살 매
履 신 리

정인매리
鄭人買履

148

정나라 사람이 신을 사러 가다.
실질적인 것들을 도외시하며 융통성 없이 행동하는 사람을 비유한 말.

발의 치수를 잰 것은 믿을 수 있어도

정나라의 어떤 사람이 신발을 사기 위해 자기 발의 크기를 재고는
종이에 적어놓았다. 시장에 나가 신발을 사려고 하는데, 그만 그
종이를 빠뜨리고 온 걸 알고는 부리나케 집으로 달려갔다.

그러곤 다시 시장에 나갔는데 그때는 이미 시장이 파한 뒤였다.
난감해하는 그에게 누군가 물었다. "왜 직접 신발을 신어보지 않
았소?" 이에 그 사내가 대답했다. "발의 치수 잰 것은 믿을 수 있어
도 내 발은 믿을 수 없기 때문이오." 《한비자》

해설 《한비자》〈외저설〉편에 나오는 일화로, 융통성 없이 곧이곧대로 행동하는 어리석
음을 풍자하고 있다. 한비자는 춘추시대 제자백가들이 공리공담이나 일삼으며 실
질을 외면하는 태도를 비판하고 있다. 또한 위정자들이 비현실적인 담론을 일삼는
자들에게 휘둘리는 행태를 신랄하게 비난하는 말이기도 하다.

149	군불염사 軍不厭詐	軍 군사 군 不 아닐 불 厭 싫어할 염 詐 속일 사

전쟁에서 작전을 펼칠 때는 적을 속이는 것도 무방하다.

상대를 속이는 기만전술이 필요할 때

후한 때, 서북 변방의 오랑캐들이 쳐들어왔다. 이에 임금은 무도태수 우후에게 그들을 당장 물리치라고 명령했다. 하지만 이는 처음부터 무리였다. 수만 병력의 오랑캐에 비해 우후가 이끄는 병사는 수천에 불과했기 때문이다.

전장에 나간 우후는 곧 지원군이 온다는 헛소문을 퍼뜨리면서 후퇴와 진격을 반복하는 전략을 펼치고, 주둔지에는 매번 많은 수의 솥이 있었음을 보여주는 흔적을 남겨놓았다. 행군할수록 병력이 늘고 있음을 보여주기 위한 계략이었다.

이런 장기전 끝에 우후는 지칠 대로 지친 오랑캐들을 끝내 물리칠 수 있었다. 나중에 우후가 말했다. "병법은 상황에 따라 달리 적용해야 하는 것으로, 강한 적을 물리칠 때는 상대를 속이는 기만전술이 필요하다(軍不厭詐)." 《후한서》

脣	입술 순
亡	없을 망
齒	이 치
寒	찰 한

순망치한
脣亡齒寒

입술이 없으면 이가 시리다.
가까운 관계에 있는 한쪽이 망하면 다른 한쪽도 온전하기 어렵다는 뜻.

입술이 없으면 이가 시리다

진나라 헌공이 괵나라를 공격하기 위해 우나라에 보옥과 준마를 뇌물로 주고 길을 빌리려고 했다. 선물이 탐이 난 우나라 왕이 이에 응하려고 하자 대부 궁지기가 말했다.

"절대 안 됩니다. 우나라와 괵나라는 입술과 이처럼 서로 떨어질 수 없는 관계입니다(脣亡齒寒). 만약 길을 빌려준다면 괵나라는 아침에 망하고 우나라는 그날 저녁에 망할 것입니다."

우나라 왕은 궁지기의 말을 듣지 않았고, 3년 뒤에는 선물로 받았던 보옥과 준마를 돌려주는 것은 물론이고 나라마저 완전히 망하고 말았다.   《춘추좌씨전》

동의어 고장난명(孤掌難鳴), 보거상의(輔車相依), 조지양익(鳥之兩翼).

151	욕개미창 欲蓋彌彰	欲 하고자 할 욕 蓋 덮을 개 彌 두루 미 彰 드러날 창

나쁜 일일수록 감추려고 하면 더욱 환히 드러나게 된다.

잘못을 덮으려고 하면 오히려 더 분명하게

군자는 움직일 때 예를 생각하고, 이익을 위해 어긋나지 않으며, 의로움에 후회할 행동을 하지 않는 법이다. 어떤 이는 명성을 추구했지만 기록하지 않고, 어떤 이는 잘못을 덮으려고 했으나 오히려 더 분명하게 드러나게 했으니(欲蓋彌彰), 이는 불의한 사람을 징벌하기 위함이다.

《춘추좌씨전》

해설 노나라 소공 때 주나라의 대부 흑굉이라는 자가 주나라를 배반하고 노나라에 투항하면서 그가 다스리던 작은 땅이 노나라에 편입되었다. 공자는 이 일을 《춘추》에 썼는데, 흑굉이 미미한 인물이라 굳이 그의 이름을 기록할 필요가 없었지만 흑굉으로 인해 국토 변동이 일어났기 때문에 애써 이 일을 적었다. '욕개미창'은 이 일을 기록하면서 나온 말이다.

| 漁 고기 잡을 어
夫 지아비 부
之 어조사 지
利 이로울 리 | **어부지리**
漁父之利 | 152 |

둘이 다투는 틈을 타서 엉뚱한 사람이 이익을 챙기다.

먹으려는 도요새, 먹히지 않으려는 조개

조나라가 연나라를 치려고 준비를 서두를 때, 연나라의 재상 소대가 사신으로 와서 조나라 혜문왕에게 말했다.

"제가 여기 올 때, 역수(易水)를 지나다 우연히 목격한 일이 있습니다. 큼지막한 조개가 입을 벌린 채 볕을 쬐고 있는데, 도요새가 날아와 조개를 쪼자 조개가 급히 입을 다물어버렸습니다. 먹으려는 도요새와 먹히지 않으려는 조개가 한참 다투고 있는데, 마침 지나가던 어부가 보고 힘들이지 않고 둘 다 잡아갔습니다(漁父之利). 마찬가지로, 연나라와 조나라가 싸워 국력을 소모한다면 강대국인 진나라가 어부가 되어 맛있는 국물을 마시게 될 것입니다."

혜문왕은 소대의 말을 알아듣고 당장 전쟁 계획을 중단했다.

《전국책》

동의어 견토지쟁(犬兔之爭), 방휼지쟁(蚌鷸之爭), 어인득리(漁人得利).

| 153 | 역지개연
易地皆然 | 易 바꿀 역
地 땅 지
皆 다 개
然 그러할 연 |

사람은 환경에 따라 행동이 달라지니 서로 환경을 바꾸면 같은 입장이 된다.
상대편이 처한 입장에서 먼저 생각하고 이해할것을 권하는 말.

처지와 입장이 바뀌었어도

농사일을 관장한 후직과 치산치수를 담당한 하우는 비록 고대 중국
전설상의 인물들이지만 백성들을 위해 열심히 봉사한 성인으로 추
앙되고 있어 공자도 훌륭한 위인들이라고 칭찬을 아끼지 않았다.

하우는 물에 빠진 사람이 생기면 자신이 치수를 잘못해서 그렇
다며 자책했고, 후직은 굶주리는 자가 생기면 자신의 잘못으로 여
기며 자책했다. 한편 공자의 제자인 안회는 가난한 생활 속에서도
평생 도를 즐긴 인물이다. 맹자는 이들 세 사람을 높이 평가하여
'하우와 후직과 안회는 처지와 입장이 바뀌었어도 모두 그렇게 했
을 것이다(禹稷顏子 易地則皆然)'라고 말했다.　　　　　　《맹자》

동의어　역지사지(易地思之).

186

墨 성씨 묵 子 스승 자 悲 슬플 비 染 물들 염	**묵자비염** 墨子悲染

154

사람은 습관이나 환경에 따라 성품이 착해지거나 악해진다.

실을 물들이는 일에서 배운다

어느 날 묵자가 실을 물들이는 사람을 보고 이렇게 말했다. "흰 실을 파란 물감에 물들이면 파란색, 노란 물감에 물들이면 노란색이 되는구나. 이렇게 물감에 따라 실의 색깔도 변하니 물들이는 일이란 참으로 조심해야 할 일이다. 사람이나 나라도 이와 같으니, 물들이는 방법에 따라 흥하기도 하고 망하기도 하는 것이다."

《묵자(墨子)》

해설　묵자는 보편적 사랑을 뜻하는 '겸애(兼愛)'의 철학을 주창한 인물로 의례를 지나치게 강조하는 유학에 맞서 종교적 가르침을 강조하는 '묵가(墨家)'를 이끌었다. 원래 이름은 묵적(墨翟)이다.

155	**각주구검** 刻舟求劍	刻 새길 각 舟 배 주 求 구할 구 劍 칼 검

물에 빠진 칼을 뱃전에 새겨 찾으려 하다.
지나치게 고지식하고 융통성 없이 경우에 맞지 않는 일을 한다는 뜻.

칼을 강물에 빠뜨리고 뱃전에다 표시하다

초나라 사람이 배를 타고 강을 건너다 들고 있던 칼을 물에 떨어뜨렸다. 그러자 그는 얼른 뱃전에다 표시를 하면서 칼을 빠뜨린 곳이 바로 여기라며 자못 영리한 체했다.

　이윽고 배가 뭍에 닿자, 그가 표시를 해놓은 그 자리에서 물에 뛰어들었지만 당연히 칼을 찾지 못했다. 이후 어리석고 융통성 없거나 시대 변화를 모르는 어리석음을 나타낼 때 쓰는 말이 되었다.

《여씨춘추》

夏 여름 하 爐 화로 로 冬 겨울 동 扇 부채 선	**하로동선** 夏爐冬扇

156

여름의 화로와 겨울의 부채처럼 제철에 맞지 않아 아무 짝에도 쓸모없는 언행이나 재주.

여름의 화로와 겨울의 부채처럼

군주에게 이로울 것이 하나도 없는 재능을 바치고 나라에 보탬이 되지 않는 의견을 내는 것은 여름에 화로를 바치고 겨울에 부채를 드리는 것과 같다(夏爐冬扇).

《논형(論衡)》

반의어 하갈동구(夏葛冬裘).

해설 《논형》은 후한의 왕충(王充)이 지은 책이다. '형(衡)'은 저울에 달아서 공평하게 중량을 재는 것을 뜻하는데, 그처럼 당대의 철학사상들에서 잘못된 지식을 비판하며 공정한 진리를 끌어내리려는 뜻에서 집필되었다.

157	**사족** 蛇足	蛇 긴뱀 사 足 발 족

쓸데없이 덧붙이는 말이나 행동.

뱀에는 원래 발이 없다

땅바닥에 뱀을 먼저 그리는 사람이 이기는 것으로 하고 몇 사람이 술내기 시합을 했다. 그런데 어떤 사람이 가장 먼저 뱀을 그리고는 여기에 더해 발까지 그려 넣으면서(畵蛇添足) '나는 발까지 그렸다'고 뽐내며 술을 마시려고 했다.

그때 한 사람이 말하기를 '뱀에는 원래 발이 없는데 너는 발까지 그렸으니, 그건 뱀이 아니다'라며 술잔을 빼앗아 마셔버렸다.

《전국책》

동의어　상상안상(牀上安牀), 옥상옥(屋上屋), 화사첨족(畵蛇添足).

해설　동의어 '옥상옥'은 지붕 위에 지붕을 또 얹는다는 말로, 물건이나 일이 쓸데없이 거듭함을 비유적으로 이를 때 흔히 쓰는 말이다.

啐 빠는 소리 줄	**줄탁동기**	**158**
啄 쫄 탁	啐啄同機	
同 같을 동		
機 때 기		

병아리가 알을 깨고 나오기 위해서는 새끼와 어미닭이 안팎에서 서로 쪼아야 한다.

병아리가 알을 깨고 나오기 위해서는

불교의 선종(禪宗)에서 말하는 화두의 하나. 병아리가 껍질을 쪼아 알을 깨는 행위는 깨달음을 향해 나아가는 수행자의 자세를 뜻하고, 밖에서 껍질을 쪼아주는 어미닭은 수행자에게 깨우침의 방법을 일러주는 스승을 상징한다.　　　　　　　　　《벽암록(碧巖錄)》

해설　선종은 참선 수행으로 깨달음을 얻는 것을 중요시하는 불교 종파로, 조선 세종 때 그때까지 있던 7개 종파를 선종과 교종(教宗)의 두 종파로 폐합했다. 이때 조계종, 천태종, 총남종 등 3개 종파는 '선종'이란 이름으로 하나가 되었다.

159	## 자승자강 自勝者强	自 스스로 자 勝 이길 승 者 놈 자 强 강할 강

자기 자신을 이기는 것이 진정으로 강한 것이다.

자신을 이기는 사람이야말로

남을 아는 사람은 지혜롭다지만 자기를 아는 사람이야말로 진정으로 밝은 것이다. 남을 이기는 사람은 힘이 있다지만 자신을 이기는 사람이야말로 진정으로 강한 것이다(自勝者强).　　　《노자도덕경》

해설　원문은 다음과 같다. "남을 아는 사람은 지혜로운 사람이고, 자기를 아는 사람은 밝은 사람이다. 남을 이기는 자는 힘이 있는 사람이고, 자신을 이기는 사는 강한 사람이다. 만족할 줄 아는 자는 부유한 사람이고, 힘차게 나아가는 자는 뜻을 가진 사람이다. 그 자리를 잃지 않는 자라야 오래 가는 사람이고, 죽어도 없어지지 않는 자라야 오래 사는 사람이다."

磨 갈 마 穿 뚫을 천 鐵 쇠 철 硯 벼루 연	**마천철연** 磨穿鐵硯	**160**

쇠로 만든 벼루를 갈아 바닥까지 뚫다.
다른 데 마음을 두지 않고 오로지 학문에만 열중한다는 뜻.

쇠로 만든 벼루에 구멍이 생길 때까지

진나라의 상유한이라는 사람이 쇠로 만든 벼루를 놓고, 이 벼루가
뚫어지지 않는 한 학업을 버리지 않겠다고 다짐했다는 고사에서
나온 말이다. 《오대사(五代史)》

동의어 수적성천(水積成川), 우공이산(愚公移山), 적토성산(積土成山), 철연미천(鐵硯未穿).

161	# 호구지계 狐丘之戒	狐 여우 호 丘 언덕 구 之 어조사 지 戒 경계할 계

군자는 다른 사람으로부터 원망을 사는 일이 없도록 항상 처신에 주의해야 한다.

높은 자리에 오를수록 더욱 자신을 낮춰라

초나라 호구에 사는 한 노인이 대부 손숙오에게 물었다. "사람에게는 세 가지 원망의 대상이 있는데, 뭔지 아십니까?" 손숙오가 머리를 갸웃거리자 노인이 말했다. "사람은 누구나 자기보다 지위가 높은 사람을 시기하고, 임금은 벼슬이 높은 현신을 미워하며, 녹봉을 많이 받는 사람은 세인의 원망을 듣게 마련입니다."

높은 자리에 오를수록 더욱 자신을 낮추라는 충고였다(狐丘之戒). 이 말에 크게 깨달은 손숙오는 평생 낮은 자리에서 겸손하게 살았고, 병들어 죽게 되었을 때 자식들을 불러 이렇게 훈계했다.

"내가 죽고 나서 임금께서 너희들에게 좋은 땅을 하사하면 절대로 받아서는 안 된다." 손숙오가 죽자 왕이 도성 부근의 기름진 땅을 하사했지만 자식들은 변방의 척박한 땅을 요청했고, 그 이후 손숙오의 자손들은 누구의 시기도 받지 않고 오래도록 평화롭게 살수 있었다.

《열자》

對 대할 대	
牛 소 우	**대우탄금**
彈 연주할 탄	對牛彈琴
琴 거문고 금	**162**

소를 마주 대하고 거문고를 연주하다.
어리석은 자에게는 아무리 참된 도리를 말해줘도 헛수고라는 뜻.

소에게 거문고 가락을 들려줘도

노나라의 공명의라는 사람이 어느 날 묵묵히 일만 하는 소에게 고
마움을 표하며 멋진 거문고 가락을 들려주었다(對牛彈琴).

하지만 소는 거들떠보지도 않고 풀만 뜯어 먹었다. 그래서 이번
에는 거문고로 모기 울음소리와 젖을 먹는 송아지 울음소리를 흉
내 냈더니 꼬리를 흔들며 귀를 쫑긋 세운 채 다소곳이 들었다. 그
소리가 소의 마음에 맞았기 때문이다.   《홍명집(弘明集)》

동의어 마이동풍(馬耳東風), 우이독경(牛耳讀經).

해설 동의어 '마이동풍'이나 '우이독경'도 마찬가지로 둔하거나 고집이 센 사람에게 아무
리 좋은 말을 해주거나 훈계를 해줘도 알아듣지 못하니 소용없는 일이라는 뜻이다.
옛 문헌에는 소의 우직함과 고집이 센 성질을 인간의 버릇에 빗대어 표현하는 말들
이 많이 등장한다.

| 163 | 선우후락
先憂後樂 | 先 먼저 선
憂 근심 우
後 뒤 후
樂 즐거울 락 |

다른 사람이 근심하기에 앞서 먼저 근심하고, 다 즐거워한 후에 비로소 즐기다.
지도자가 가져야 할 자세를 뜻한다.

다른 사람들이 먼저 즐기도록 배려하는

등자경이라는 고위 관리가 중앙 정치무대에서 쫓겨나 파릉군의
군수로 좌천되었다. 이곳은 궁벽한 시골인 데다 온갖 폐단이 넘쳐
서 누구나 기피하는 곳이었다. 그런데 이듬해가 되자 등자경이 잘
다스려 정치가 통하고 사람들이 화합하여 이전의 온갖 문제점들
을 고치고 번성하게 되었다.

  마을 사람들이 이를 축하하기 위해 악양루라는 누각을 중수하
면서 옛 규모를 늘리고 당대의 문인들이 그 위에 시를 새겨 넣었는
데, 등자경은 사람들을 전부 앞세우고 맨 나중에 따로 문장을 지어
서 그 일을 기록해달라고 하였다(先憂後樂).

범중엄(范仲淹)의 〈악양루기(岳陽樓記)〉

五 다섯 오 十 열 십 步 걸음 보 百 일백 백	**오십보백보** 五十步百步

164

오십 보 도망친 사람이 백 보 도망친 사람을 비겁하다 비웃다.
조금 낫고 못한 차이는 있어도 본질적으로 큰 차이가 없다는 뜻.

오십 보나 백 보나 도망친 것은 마찬가지

위나라 혜왕이 부국강병을 위해 노력해도 더 이상 백성이 늘지 않는 이유를 묻자, 맹자가 이렇게 대답했다. "전쟁터에서 싸움이 한창일 때 한 병졸이 백 보쯤 도망가다 멈추었습니다. 그런데 다른 병졸이 오십 보쯤 도망가다 멈추고는 백 보 도망친 병졸을 겁쟁이라고 비웃었습니다. 왕께서는 어떻게 생각하십니까?"

혜왕이 오십 보나 백 보나 도망친 것은 마찬가지라고 하자 맹자가 다시 말했다. "그것을 아신다면 더 이상 한탄하지 마십시오. 왕께서 정치를 하는 것은 오직 전쟁을 위함이니 위나라로 오는 백성이 없는 것입니다."

《맹자》

동의어 대동소이(大同小異).

| 165 | # 필부지용
匹夫之勇 | 匹 짝 필
夫 지아비 부
之 어조사 지
勇 날랠 용 |

평범한 사내가 자신의 혈기만 믿고 함부로 부리는 용기.

하찮은 사내의 용기

맹자가 양나라 혜왕을 만났을 때, 혜왕이 국력을 키워 약소국의 설움에서 벗어날 요량으로 이렇게 물었다. "나는 평소에 용(勇)을 즐기는 성품이니 어찌해야 하오?"

이에 맹자가 말했다. "소용(小勇)을 즐겨서는 안 됩니다. 칼을 매만지고 눈을 부라리며 '너 같은 자는 나의 적수가 아니다!'라고 말하는 따위는 하찮은 사내의 용기(匹夫之勇)로 고작해야 한 사람 정도나 상대할 수 있을 뿐입니다."

《맹자》

해설 '필부'의 사전적 의미는 '보잘것없이 평범한 남자'라는 뜻이다. 말 그대로 하찮고 시시한 사내라는 뜻으로, 일국의 왕이 고작해야 그런 용기에 사로잡혀서야 되겠느냐는 반문이다. 대범하게 왕도정치를 펼쳐야 임금다운 위엄이 선다는 가르침이기도 하다.

愚 어리석을 우 者 놈 자 一 한 일 得 얻을 득	**우자일득** 愚者一得	**166**

어리석은 사람도 많은 생각을 하다 보면 한 번쯤 쓸모 있는 생각을 하게 된다는 뜻.

어리석은 사람도 천 번을 생각하면

한신이 조나라의 20만 대군을 물리치고 조나라의 유명한 책사 이좌거(李左車)를 사로잡았다. 한신이 그에게 장차 연나라와 제나라를 제압할 방안을 묻자, 그가 패전지장은 할 말이 없다며 여러 차례 사양하다가 답했다.

"슬기로운 사람도 천 번 생각에 한 번의 실수가 있을 수 있고(千慮一失), 어리석은 사람도 천 번 생각하여 한 번은 맞힐 수 있습니다(愚者一得). 제가 비록 어리석으나 한 말씀 올리겠습니다."

| 167 | **좌고우면**
左顧右眄 | 左 왼 좌
顧 돌아볼 고
右 오른쪽 우
眄 애꾸눈 면 |

왼쪽을 바라보고 오른쪽을 돌아보다.
여러 갈래로 생각하고 살피느라 결단을 내리지 못하고 우왕좌왕하는 태도.

생각이 너무 많아 결단을 내리지 못하는

조조의 다섯째 아들 조식(曹植)은 빼어난 문장가였다. 그가 지은 시 중에 나오는 말로, 원래는 좌우를 살펴보아도 자기만 한 사람이 없다고 생각하는 자신만만한 모습을 표현하는 말이었는데 후에 그 의미가 바뀌어 어떤 일에 대한 생각이 지나쳐서 결단을 내리지 못하고 우물쭈물하는 모습을 비유적으로 쓰는 말이 되었다.

해설 조식은 후에 조조의 뒤를 이어 위나라 황제가 된 조비의 동생이다. 어려서부터 재능과 학식이 출중하여 조조가 특히 사랑했다. 뛰어난 시인으로 이름이 높았다.

射 쏠 사		168
石 돌 석	**사석성호**	
成 이룰 성	射石成虎	
虎 범 호		

돌을 범인 줄 알고 쏘았는데 화살이 꽂히다.
어떤 일에나 성심을 다하면 반드시 이룰 수 있다는 뜻.

바위에 깊이 박힌 화살

궁술에 능했던 전한의 장수 이광이 젊었을 때 사냥을 나갔다가 숲
속에서 잠을 자고 있는 호랑이와 정면으로 마주쳤다. 이광이 전력
을 다해 화살을 당겨 명중시켰는데, 이상하게도 호랑이가 꼼짝도
하지 않았다. 알고 보니 호랑이 모양의 바위에 화살이 깊숙이 박혀
있었다. 이에 놀란 이광이 다시 바위를 향해 화살을 쏴봤지만 힘없
이 튕겨져 나올 뿐이었다.   《사기》

동의어   마부위침(磨斧爲針), 사석음우(射石飮羽), 우공이산(愚公移山), 중석몰촉(中石沒鏃).

해설   하나의 일에 성심을 다해 집중하면 이루지 못할 일이 없다는 뜻을 가진 유명한 고
사이다. 이광은 활쏘기에 능한 장수로 흉노족이 제일 무서워했다고 한다.

169	**언과기실** 言過其實	言 말씀 언 過 지나칠 과 其 그 기 實 바탕 실

말이 사실보다 지나치다.
말이 과장되고 실행이 부족하다는 뜻.

말이 실제보다 지나치니 조심하라

제갈량 휘하의 장수 마속은 뛰어난 언변에 영리한 두뇌의 소유자로, 군사작전에 탁월한 재능을 지닌 인물이었다. 하지만 유비는 마속을 탐탁찮게 여겨 제갈량에게 이렇게 말하곤 했다.

"마속은 말이 실제보다 지나치니(言過其實) 절대 높이 등용하지 마시오." 한마디로 마속은 허풍이 센 인물이니 조심하라는 뜻이었다.

유비가 죽은 뒤, 위나라 사마의가 공격해왔을 때 마속이 자신이 당장 달려가 막아내겠다고 청하자 제갈량은 수비만 하고 절대 공격해서는 안 되며 만약 공격을 할 시에는 반드시 자신의 명에 따라야 한다는 군령을 내렸다.

그러나 마속은 사마의의 꼬임에 넘어가 섣불리 공격에 나섰다가 대패하고 말았다. 이에 제갈량은 비록 마속을 총애하지만 군령을 어긴 죄로 참형에 처했다. '울며 마속의 목을 베다'라는 뜻의 읍참마속(泣斬馬謖)은 여기서 유래되었다. 《삼국지》

三 석삼 十 열십 而 말 이을 이 立 설 립	**삼십이립** 三十而立	170

서른 살이 되어 스스로 일어서다.
학문이 반석 위에 올라 도덕적으로 흔들리지 않는 상태가 되었다는 뜻.

서른 살이 되어 확고하게 일어서다

공자께서 말씀하셨다. "나는 15세에 학문에 뜻을 두고(志學), 30세
에 확고히 섰으며(而立), 40세가 되어서는 미혹하지 않았다(不惑).
50세에는 하늘의 명을 알고(知天命), 60세에는 남의 말을 순순히
받아들였으며(耳順), 70세에는 마음 내키는 대로 행해도 법에 벗
어나지 않았다(從心所欲不踰矩)."   《논어》

해설 공자는 학문에 뜻을 두는 15세와 스스로 일어서는 30세, 그리고 세상의 유혹에 흔
들리지 않는 40세를 특히 중요시했다. 특히 불혹에 대해서는 《논어》〈자한〉 편에서
군자의 덕목으로 "어진 사람은 근심이 없고(仁者不憂), 지혜로운 사람은 유혹에 흔들
리지 않으며(知者不惑), 용기 있는 사람은 두려워하지 않는다(勇者不懼)"고 말했다.

171	## 군자삼락 君子三樂	君 임금 군 子 아들 자 三 석 삼 樂 즐길 락

군자에게 세 가지 즐거움이 있다.

하늘을 우러러 부끄럽지 않은 삶

군자에게는 세 가지 즐거움이 있다(君子有三樂). 양친이 다 살아계
시고 형제가 무고한 것이 첫 번째 즐거움이요, 하늘을 우러러 부끄
럽지 않고 굽어보아도 사람들에게 부끄럽지 않은 것이 두 번째 즐
거움이며, 천하의 인재를 얻어 교육하는 것이 세 번째 즐거움이다.

《맹자》

해설 군자에게는 이렇게 세 가지 즐거움이 있지만 천하를 통일하여 왕이 되는 것은 여기
에 포함되지 않는다. 제왕의 삶 따위는 안중에도 없는 맹자의 호연지기가 엿보이는
말이다.

益 이로울 익		
者 놈 자	**익자삼요**	**172**
三 석 삼	益者三樂	
樂 좋아할 요		

사람이 좋아하여 유익한 것 세 가지를 가리키는 말이다.

좋아하면 유익한 것 세 가지, 해로운 것 세 가지

공자께서 말씀하셨다. "좋아하면 유익한 것 세 가지가 있고, 좋아
하면 해로운 것 세 가지가 있다. 예악의 절도를 따르기를 좋아하
고, 남의 좋은 점을 말하기를 좋아하고, 현명한 벗을 많이 사귀기
를 좋아하면 유익하다. 교만하게 즐기기를 좋아하고, 방탕하게 노
는 데 빠지기를 좋아하고, 주색에 빠져 음란하게 놀기를 좋아하면
해롭다."

《논어》

해설   《논어》〈계씨〉 편에 나온다. 다음에 이어지는 이야기는 '익자삼우(益者三友)'와 '손자
삼우(損者三友)'로 사귀면 보탬이 되는 세 사람과 해가 되는 세 사람에 관한 내용이
다. "유익한 벗이 셋이 있고, 해로운 벗이 셋이 있다. 정직한 사람을 벗하고, 신의가
있는 사람을 벗하고, 견문이 넓은 사람을 벗하면 유익하다. 위선적인 사람을 벗하
고, 아첨 잘하는 사람을 벗하고, 말만 잘하는 사람을 벗하면 해롭다."

173	**양포지구** 楊布之狗	楊 버들 량(양) 布 베 포 之 어조사 지 狗 개 구

외양이 변한 것을 보고 속까지 변했다고 판단하다.

주인을 알아보지 못한 개를 탓하랴

양포라는 사람이 흰옷을 입고 외출했다가 도중에 소나기를 만나 옷이 흠뻑 젖고 말았다. 이에 양포는 엉망이 된 옷을 벗고, 그 대신 친구의 옷을 빌려 입었는데 하필 검은 옷이었다.

저녁 무렵에 집에 돌아오니, 기르던 개가 흰옷을 입고 나간 주인이 검은 옷을 입고 돌아왔으니 그를 알아보지 못하고 사납게 짖어댔다.

《한비자》

동의어　백왕흑귀(白往黑歸).

해설　양포는 '자기 털 하나를 뽑아 천하가 이롭게 된다 해도 그리 하지 않겠다'는 극단적 이기주의를 표방했던 양주의 동생이다. 그날 양포가 화가 나서 개를 때리려 하자 양주가 타일렀다. "때리지 마라. 너 역시 마찬가지다. 저 개가 흰 털로 나갔다가 검은 털로 돌아왔다면 너도 괴이하게 생각하지 않겠느냐?"

順 순할 순 天 하늘 천 應 응할 응 人 사람 인	**순천응인** 順天應人	**174**

위로는 하늘의 뜻에 순종하고, 아래로는 백성들의 인심에 부응하다.

순천 자는 흥하고, 역천 자는 망한다

자연의 이치에 순종하는 자는 존속하고, 그것을 거스르는 자는 망한다(順天者存 逆天者亡). 《주역》

동의어 순천자존(順天者存).

해설 《주역》〈혁괘〉 편에 나온다. 역대 제왕들이 통치이념의 하나로 여겨왔다. 《명심보감》을 비롯한 다른 많은 고전에서도 '순천(順天) 자는 흥하고 역천(逆天) 자는 망한다'는 문장이 발견된다.

175	**약팽소선** 若烹小鮮	若 같을 약 烹 삶을 팽 小 작을 소 鮮 생선 선

큰 나라를 다스리는 것은 작은 생선을 삶는 것과 같다.

일일이 간섭하지 않는 정치

생선을 삶으면서 수저나 젓가락으로 너무 자주 휘저으면 생선이 뭉개지듯이, 나라를 다스리는 일에도 일일이 간섭하지 않고 가만히 두면서 지켜보면 자연히 좋은 정치가 이루어진다(治大國 若烹小鮮). 《노자도덕경》

해설 무위자연을 주장한 노자답게 나라를 다스리는 일에도 정사를 번거롭게 하지 말고 가만히 두면서 지켜보는 것이 좋은 정치라고 말한다. 한편 엄격한 법치주의를 강조한 한비는 《한비자》에서 이렇게 말한다. "작은 생선을 요리할 때 자꾸 뒤적이면 생선 자체를 망칠 수 있듯이 큰 나라를 다스릴 때 너무 자주 법을 바꾸면 백성들이 괴로워하게 된다."

| 宋 송나라 송
襄 도울 양
之 어조사 지
仁 어질 인 | **송양지인**
宋襄之仁 | 176 |

쓸데없이 인정을 베풀다 도리어 큰 손해를 보다.

쓸데없는 인정에 스스로를 망친 군주

송나라 양공이 초나라 군대와 싸울 때, 전쟁터에 먼저 도착한 송나라 군대는 전열 정비를 마쳤지만 초나라 군대는 아직 강을 건너지 못한 상태였다. 그때 부하장수가 달려와 양공에게 아뢰었다.

"초나라 군대가 아직 절반밖에 강을 건너지 못했으니 지금 당장 공격하면 이길 수 있습니다."

그러나 양공은 곤란한 처지에 놓인 적을 공격하는 것은 장수의 도리가 아니라며 적군이 완전히 강을 건너 전열을 정비한 후에 싸우자고 말했다. 이에 송나라 군대는 초나라 군대가 완전히 싸울 태세를 마친 후에 싸움을 시작했지만 처참하게 패하고 말았고, 양공은 다리에 큰 상처를 입고 사흘 만에 죽고 말았다. 《춘추좌씨전》

177	**부부자자** 父父子子	父 아비 子 자식 자

아버지는 아버지답게 노릇을 하고, 아들은 아들답게 노릇을 해야 한다.

아버지가 아버지답지 못하고

제나라 경공이 공자에게 정치에 대해 묻자 공자께서 대답하셨다. "임금은 임금답고 신하는 신하다우며(君君臣臣), 아버지는 아버지답고 아들은 아들다워야 합니다(父父子子)."

이에 경공이 말했다. "참으로 훌륭하십니다. 만일 임금이 임금답지 못하고 신하가 신하답지 못하며, 아버지가 아버지답지 않고 아들이 아들답지 못하다면 비록 곡식이 있은들 제가 그것을 어찌 얻어먹을 수 있겠습니까?" 《논어》

해설　《논어》〈안연〉 편에 나온다. 저마다 자기 직분에 충실해야 세상이 바로 선다는 가르침이다.

朝 조정 조
名 이름 명
市 저자 시
利 이로울 리

조명시리
朝名市利

178

이름을 남기려면 조정에 있어야 하고 이익을 원하면 시장에 있어야 한다.
무슨 일이든 알맞은 곳에서 행하라는 뜻.

이익은 저잣거리에서 다툰다

진나라 혜문왕 때 중신 사마조가 영토를 넓히기 위해 촉나라로 출병해야 한다고 건의하자, 재상인 장의가 반대하며 이렇게 진언했다.

"변경의 촉나라를 정벌하는 일은 백성에게 피해만 줄 뿐 아무런 이득이 없습니다. 예로부터 명성은 조정에서 다투고, 이익은 저잣거리에서 다툰다고 했습니다(朝名市利). 천하의 패업을 꿈꾸시는 임금께서 중원을 외면하고 하찮은 오랑캐 땅을 탐하다니 말도 안 됩니다."

그러나 혜문왕은 끝내 사마조의 말에 따랐다가 거듭된 패배로 인해 엄청난 국력을 낭비해야 했다. 《전국책》

동의어 적재적소(適材適所).

179	**교자채신** 教子採薪	教 가르칠 교 子 아들 자 採 캘 채 薪 섶 신

자식에게 장작이 아니라 땔나무를 구해 오는 법을 가르쳐야 한다.
자식에게는 보다 장기적이고 근본적인 처방을 가르쳐야 한다는 뜻.

삶의 지혜를 묻는 아버지의 가르침

노나라의 어떤 아버지가 아들에게 땔나무를 해 오라면서 이렇게
말했다. "너는 여기서부터 백 보 떨어진 우리집 북쪽 채마밭에 있
는 나무를 먼저 해 오겠느냐? 아니면 힘이 들더라도 백 리 떨어진
남산에 있는 나무를 먼저 해 오겠느냐?"

아들이 당연히 백 보 떨어진 곳의 나무를 먼저 해 오겠다고 대
답하자 아버지가 말했다. "네 말도 이해가 되지만 그것은 언제든
지 가져올 수 있다. 하지만 백 리 떨어진 곳에 있는 나무는 누가
먼저 가져갈지 모르니 그것부터 가져와야 집 근처의 나무가 남아
있지 않겠느냐?" 아버지의 말을 알아들은 아들은 당장 먼 곳으로
떠났다.

《속맹자(續孟子)》

해설　《속맹자》는 당나라 때 임신사(林愼思)가 지은 책이다. 평생을 맹자사상 연구에 투신
한 그의 노고가 책에 고스란히 담겨져 있다.

隨 나라 이름 수 珠 구슬 주 彈 쏠 탄 雀 참새 작	**수주탄작** 隨珠彈雀

180

수후(隨侯)의 구슬로 새를 잡으려 하다.
작은 것을 얻으려다 큰 것을 손해 보게 된다는 뜻.

천하제일의 보물로 새를 잡으려 하는

장자는 이렇게 말했다. "어떤 사람이 수주를 가지고 하늘 높이 나는 참새를 쏘는 일에 사용한다면(隨珠彈雀) 사람들은 모두 그를 비웃을 것이다. 왜냐하면 귀중한 것으로 하찮은 것을 얻으려 하기 때문이다. 사람의 삶이 어찌 수후의 구슬의 귀중함에 그치겠는가?"

《장자》

동의어 소탐대실(小貪大失), 이주탄작(以株彈雀), 명주탄작(明株彈雀).

해설   '수주'는 수나라의 임금 수후가 상처를 입고 죽어가는 구렁이를 구해준 보답으로
        얻었다는 전설의 야광주이다. 수주탄작은 이런 천하제일의 보물을 기껏해야 참새
        를 잡는 데 쓰는 사람들의 어리석음을 비판하는 글이다.

181	재덕부재험 在德不在險	在 있을 재 德 덕 덕 不 아닐 부 險 험할 험

나라의 안전은 임금의 덕치에 달린 것이지 지형의 험준함에 있지 않다.

나라의 진정한 보배는 무엇인가

위나라의 무후가 오기 장군과 함께 서하(西河)에 배를 타고 내려가다 말했다. "이토록 험준한 산하는 천하제일의 요새로 이야말로 위나라의 보배가 아니겠소." 그러자 오기 장군이 말했다. "나라의 진정한 보배는 임금의 덕행이지 산하의 험준함이 아닙니다(在德不在險). 그러니 만약 임금이 덕을 닦지 않으면 지금 배 안에 있는 사람들조차 모두 적이 될 것입니다."   《사기》

해설   오기는 중국 역사상 가장 위대한 장수로 평가받지만 말년은 극히 불행했다. 오기가 초나라의 재상이 되었을 때, 제후와 공족들의 특권을 몰수하는 등 대대적인 개혁 작업을 펼치는 바람에 많은 이들이 특권층에서 밀려났다. 이런 과정에서 지나치게 강직한 성품 탓에 수많은 적을 만들었기에, 얼마 뒤 임금이 죽자 정적들이 일제히 난을 일으켜 오기를 처참하게 죽였다.

제5장

굳은 각오로 지난날의
허물을 고친다면

182	기우 杞憂	杞 나라 이름 기 憂 근심할 우

쓸데없는 걱정을 하다.

하늘이 무너질 리 없고, 땅이 꺼질 리 없는데도

기나라에 사는 어떤 사람은 하늘이 무너지고 땅이 꺼지면 몸 둘 곳이 없음을 걱정한 나머지 식음을 전폐했다. 하늘이 무너질 리 없고 땅이 꺼질 리 없는데도 안 해도 되는 걱정을 하며 크게 낙심하는 것을 일컫는 말이다. 《열자》

동의어 기인우천(杞人憂天), 기인지우(杞人之憂).

해설 기나라는 춘추시대에 주나라 무왕이 직전에 멸망한 하나라 왕실의 제사를 받들라고 하나라 왕족에게 하사한 작은 나라로 알려져 있다. 하나라는 주지육림에 빠져 학정을 일삼던 걸왕의 패악으로 멸망했다.

噬 씹을 서 臍 배꼽 제 莫 없을 막 及 미칠 급	**서제막급** 噬臍莫及	**183**

배꼽을 물려고 하지만 미치지 못하다.
일이 잘못된 뒤에 후회해도 소용이 없다는 뜻.

지금 하지 않으면 나중에 후회해도 소용이 없으니

초나라 문왕이 신나라를 공략할 때, 이를 위해서는 등나라 땅을 통과해야 했는데 마침 그곳의 왕은 문왕의 삼촌이었다. 문왕이 병사들을 이끌고 도착하자 등나라 신하들이 왕에게 말하기를 초나라가 머지않아 등나라까지 공격할 것이니 문왕을 죽이자고 했다.

"지금 없애지 않으면 배꼽을 물려고 해도 입이 미치지 못하는 것처럼(噬臍莫及), 나중에 후회해도 소용이 없으니 당장 실행하십시오."

그러나 등나라 왕은 조카를 죽이면 세상이 자신을 욕할 것이라면서 간언을 묵살했다. 그로부터 10년 후, 등나라는 신하들의 말대로 초나라 문왕에게 망하고 말았다. 　　《춘추좌씨전(春秋左氏傳)》

해설 　중국 최초의 편년체 역사서인 《춘추》에는 춘추시대의 다양한 인물과 사건들이 기록되어 있다. 《춘추좌씨전》은 《춘추》의 주석서로, 《춘추》에 등장하는 사건들에 상세한 산문체 설명과 풍부한 배경 자료를 제공하고 있다.

184	하우불이 下愚不移	下 아래 하 愚 어리석을 우 不 아닐 불 移 변할 이

어리석은 사람의 버릇은 절대 고치지 못한다.

절대로 바꾸지 않는 사람

공자께서 말씀하셨다. "오직 최상급의 지혜로운 사람과 최하급의 어리석은 사람만이 바뀌지 않는다(下愚不移)." 《논어》

해설 《논어》〈양화〉편에 나온다. 가장 지혜로운 사람은 세상 만물의 도와 진리를 이미 알고 있기에 변하지 않는다. 이에 반해 가장 어리석은 사람은 알려고 하지 않고 배우려고 하지도 않으므로 결코 변하지 않는다. 대다수 사람은 최상급도, 최하급도 아닌 평균적인 삶을 살고 있으니 마음만 먹는다면 얼마든지 바뀔 수 있다는 뜻이다.

斷 끊을 단 機 베틀 기 之 어조사 지 敎 가르칠 교	**단기지교** 斷機之敎	**185**

맹자의 어머니가 베틀의 베를 끊었다는 고사에서 나온 말이다.
중도에 학문을 그만두면 아무 쓸모가 없다는 뜻.

아들을 성공시키려는 어머니의 가르침

맹자가 고향을 떠나 공부에 전념하기로 한 지 얼마 안 되어 어느 날 갑자기 집으로 돌아왔다. 마침 베틀에 앉아 길쌈을 하던 맹자의 어머니가 아들에게 물었다. "네 공부가 어느 정도 되었느냐?"

공부를 다 마치지 못했다며 우물쭈물하는 아들의 말에, 어머니는 짜고 있던 베틀의 날실을 단칼에 끊어버리고는 이렇게 꾸짖었다. "네가 공부를 중도에 그만두고 돌아온 것은 지금 내가 짜고 있는 베의 날실을 끊어버린 것과 무엇이 다르겠느냐?" 《열녀전(烈女傳)》

동의어 단기지계(斷機之誡), 맹모단기(孟母斷機).

해설 《열녀전》은 전한시대 말기에 유향이 저술한 책으로 그 시대를 살았던 걸출한 여성들의 삶을 기록한 책이다. 유향은 경학자이자 문헌학자, 문학자로 활동한 인물로 이 밖에도 《전국책》, 《설원(說苑)》, 《신서(新序)》 등을 남겼다.

186	**한단지보** 邯鄲之步	邯 땅이름 한 鄲 조나라 서울 단 之 어조사 지 步 걸음 보

자기 분수를 모르고 무턱대고 남을 흉내 내다가 이것저것 다 잃게 된다.

자기의 원래 걸음걸이마저 잊어버리고

조나라의 공손룡이 자신의 학문이 최고라고 자부하던 차에 장자의 명성을 듣게 되었다. 공손룡은 장자를 만나 지혜를 겨뤄보려고 위나라의 위모를 찾아가 장자의 도에 대해 넌지시 물었다. 위모가 공손룡의 속셈을 알아채고는 이렇게 대답했다.

"자네는 시골 출신 젊은이가 조나라 도읍지 한단으로 걸음걸이를 배우러 갔던 이야기를 듣지 못했는가? 그는 한단의 걸음걸이를 제대로 배우기도 전에 자기의 원래 걸음걸이마저 잊어버리고는 기어서 돌아갈 수밖에 없었다네. 그와 마찬가지로, 자네도 장자의 도는커녕 자네 본래의 지혜마저 잊어버리게 될 걸세." 《장자》

護 도울 호
疾 병 질
忌 꺼릴 기
醫 의원 의

호질기의
護疾忌醫

187

의원에게 자신의 병을 숨기고 보이기를 꺼린다.
자신의 단점을 감추고 남의 충고마저 듣지 않는다는 뜻.

병을 숨기면서 의원에게 보이지 않는

요즘 사람들은 잘못이 있어도 다른 사람들이 바로잡아주는 것을
기뻐하지 않는다. 이는 병을 숨기면서 의원에게 보이지 않아 몸을
망치면서도 깨닫지 못하는 것과 같다(護疾忌醫).　　　　《통서(通書)》

동의어　휘질기의(諱疾忌醫).

해설　《통서》는 북송의 주돈이(周敦頤)가 지은 책으로, 성리학의 기초를 닦은 그의 철학
　　　이 집대성되어 있다. 주돈이는 한때 명맥이 끊어졌던 유학을 새롭게 부흥시킨 인
　　　물이다.

188	유좌지기 宥坐之器	宥 너그러울 유 坐 앉을 좌 之 어조사 지 器 그릇 기

항상 곁에 두고 보는 그릇.
마음을 가지런히 하기 위한 스스로의 기준을 일컫는 말.

알맞게 물이 차면 바로 서는 그릇

공자가 주나라 환공의 사당을 찾았다. 사당 안에 의식 때 쓰는 그릇들이 놓여 있는 것을 보고 공자가 사당지기에게 물었다. "저것은 무엇에 쓰는 그릇입니까?"

이에 사당지기가 대답했다. "항상 곁에 두고 보는 그릇입니다(宥坐之器)." 공자가 고개를 끄덕이며 말했다. "나도 들은 적이 있습니다. 이 그릇은 속이 비면 기울어지고 가득 차면 엎질러지는데, 알맞게 물이 차면 바로 선다고 하더군요."

《순자(荀子)》

해설   옛날의 임금들은 정치를 하면서 너무 지나치거나 모자라는 것을 스스로 경계하기
위해 오른쪽 좌석에 기기(敧器, 기우는 그릇)를 비치하고 항상 보았다. '기기'는 한쪽
으로 기울게 만들어져서 바로 세우기 어려운데, 옛사람들은 이 그릇을 놓고 보면서
자신의 마음이 너무 지나치거나 부족하지 않게 조절하는 경계로 삼았다.

改 고칠 개 過 허물 과 遷 옮길 천 善 착할 선	**개과천선** 改過遷善 189

지나간 허물을 고치고 착한 사람으로 다시 태어나다.

굳은 각오로 지난날의 허물을 고친다면

진나라 때 양흠 땅에 사는 주처는 조실부모한 뒤 어려서부터 난폭하고 방탕한 생활을 하며 지내다 철이 들면서 자신의 허물을 깨닫고 새사람이 되겠다고 굳은 결심을 했다.

　그러나 아무도 그의 말을 믿지 않았고, 심지어 사람들은 산중에 있는 호랑이와 싸워 이긴다면 그 말을 믿겠노라고 했다. 하지만 주처가 실제로 호랑이를 물리치고 돌아와도 사람들은 그를 믿지 않았다.

　실망한 주처가 저명한 학자 육기를 만나 하소연하자 그가 이렇게 말했다. "굳은 각오로 지난날의 허물을 고치고 새사람이 된다면(改過遷善), 자네의 앞길은 무한하네." 이에 용기를 얻은 주처는 더 열심히 노력하여 후에 이름난 학자가 되었다.　　　《진서(晉書)》

동의어　개사귀정(改邪歸正).

223

190	**양상군자** 梁上君子	梁 들보 량(양) 上 윗 상 君 임금 군 子 아들 자

대들보 위에 있는 군자.
도둑을 달리 부르는 말.

대들보 위에 숨어 있는 군자처럼

후한 말기는 수년째 흉년이 들어 백성들의 살림이 무척 곤궁해서 도둑들이 유난히 많았다. 어느 날 태구현감 진식의 집에 도둑이 들어 대들보 위에 올라서 가만히 기회를 엿보았다. 그러자 진식이 짐짓 못 본 체하며 자녀들을 불러 이렇게 훈계했다.

"사람은 작은 버릇이 습성이 되어 나쁜 일을 저지르게 될 뿐, 악행을 저지르는 사람이라도 원래부터 본바탕이 나쁜 것은 아니다. 가령 지금 대들보 위(梁上)에 있는 저 군자(君子)도 마찬가지이다."

도둑은 이 말을 듣고 양심의 가책을 느껴 대들보 위에서 내려와 사죄했다. 진식은 그를 용서하며 비단 두 필을 주어 돌려보냈고, 이후부터 태구 땅에 도둑이 사라졌다. 《후한서(後漢書)》

동의어 녹림호걸(綠林豪傑), 무본대상(無本大商), 초두천자(草頭天子).

224

行 다닐 행 不 아닐 불 由 말미암을 유 徑 지름길 경	**행불유경** 行不由徑 **191**

지름길을 택하지 않고 큰길로 가다.
공명정대한 처신을 일컫는 말.

길을 갈 때 지름길로 가지 않고

자유가 작은 마을인 무성의 읍재가 되자 공자께서 말씀하셨다.
"너는 인재를 얻었느냐?" 자유가 대답했다. "담대멸명이라는 사람
이 있는데, 길을 갈 때 지름길로 가지 않고(行不由徑) 공적인 일이
아니고서는 저의 집에 찾아온 적이 없습니다."   《논어》

동의어   군자대로행(君子大路行).

해설   《논어》〈옹야〉편에 나온다. 비록 작은 마을에 지나지 않지만 공명정대하게 일을
처리하겠다는 자유의 의지를 표하는 말이다.

192	**복거지계** 覆車之戒	覆 뒤집힐 복 車 수레 거 之 어조사 지 戒 경계 계

앞사람의 실패를 거울삼아 뒷사람은 조심하여 실패가 없도록 하라.

앞서 가는 수레가 뒤집히는 것을 보고도

후한의 환제 때, 환관 세력이 날로 강해져 횡포가 심해지자 신하들
이 들고일어나 그들을 엄히 다스려야 한다고 말했다. 이에 환관들
이 도리어 자기들을 모함한다며 그들을 당장 처벌하라고 임금을
압박했다.

　임금은 어쩔 수 없이 몇몇 신하들을 옥에 가두었는데, 이때 대부
두무가 간언했다. "만일 환관들의 전횡을 방치하면 예전 왕조들의
실패를 반복하는 것으로, 이는 앞서 가는 수레가 뒤집히는 것을 보
고도 그대로 그 길을 가는 것이 됩니다(覆車之戒)." 임금은 당장 체
포한 신하들을 풀어주고 환관들이 더 이상 날뛰지 못하도록 단단
히 단속했다. 《진서》

동의어　은감불원(殷鑑不遠), 전거복철(前車覆轍), 전철(前轍).

買 살 매	
櫝 함 독	**매독환주**
還 돌아올 환	買櫝還珠
珠 구슬 주	

193

보석을 담으려고 만든 나무상자를 사고, 그 안에 든 보석은 그냥 돌려주다.
외양에 현혹되어 진짜 중요한 것은 잃어버린다는 뜻.

아름다운 장식의 상자 속의 구슬

진나라 왕이 딸을 다른 나라 왕자에게 시집보낼 때, 온갖 보석 장식에 아름답게 수놓은 옷을 입은 시녀 70명을 딸려 보냈다. 그런데 왕자는 시녀들을 좋아하면서 딸은 외면했다. 진나라 왕은 딸을 좋은 곳에 시집보낸 게 아니라 시녀들을 좋은 곳에 시집보낸 꼴이 된 것이다.

초나라 상인이 구슬을 팔러 정나라로 갔다. 상인은 향기로운 나무에 물참새 털로 예쁘게 장식한 상자를 만들어 그 안에 옥을 넣었다. 그런데 정나라의 어느 부자는 그 상자만 살 뿐 구슬은 돌려주었다(買櫝還珠). 《한비자》

해설 유세가들이 현란한 말솜씨로 허황된 이야기를 하고 다니는데, 군주들은 그들에게 현혹되어 실질을 구별하지 못하고 있다고 꼬집는 내용이다.

194	**초비수부** 楚妃守符	楚 초나라 초 妃 왕비 비 守 지킬 수 符 부호 부

초나라의 비가 명분에 사로잡혀 실질을 잃어버리다.

강물에 떠내려가 죽은 여인의 사연

초나라 소왕의 애첩이 물놀이를 하던 중에 갑자기 강물이 불어 꼼짝도 못하는 신세가 되고 말았다. 이에 왕이 급히 사람을 시켜 데려오라고 했는데, 그가 그만 깜빡 잊고 왕의 명령임을 증명하는 징표인 부(符)를 갖고 가지 않았다.

이에 애첩이 왕의 명령이라는 사실을 알 수 없다며 그 사람을 따라가기를 거절했다. 그가 다급히 부를 가지러 달려간 사이에 여인은 그만 불어난 강물에 떠내려가 죽고 말았다.　　　　　《열녀전》

해설　위에 나오는 '부(符)'란 왕이 직접 수결(手決)한 징표를 말한다. 요즘의 표현으로 하자면 왕의 직접적인 명령이라는 의미의 '사인(sign)'을 뜻한다.

泣 울 읍 斬 벨 참 馬 말 마 謖 일어날 속	**읍참마속** 泣斬馬謖

195

울면서 마속(馬謖)의 목을 베다.
아랫사람을 법대로 냉정하게 처단하여 조직의 질서를 바로잡는다는 뜻.

그를 총애하지만 군령을 어긴 죄를 묻겠다

촉나라의 제갈량에게는 마량이라는 절친한 벗이 있었는데, 마량의
동생 마속은 군사작전에 탁월한 재능을 지닌 인물이었다.

어느 해에 촉나라 군대가 위나라 대군과 가정(街亭)에서 맞서게
되었을 때, 마속이 당장 달려가 적군을 물리치겠다며 선봉을 자청
했다. 이에 제갈량은 수비만 하고 절대 공격해서는 안 되며, 만일
공격을 하게 되더라도 자신의 명에 따르라는 군령을 내렸다.

그러나 마속은 사마의의 꼬임에 넘어가 섣불리 공격에 나섰다가
대패하고 말았다. 이에 제갈량은 비록 마속을 총애하지만 군령을 어
긴 죄를 물어 단호히 목을 벰으로써 군율의 지엄함을 보여주었다(泣
斬馬謖).   《삼국지》

동의어　일벌백계(一罰百戒).

	일부중휴	一 한 일
196	一傅衆咻	傅 스승 부
		衆 무리 중
		咻 떠들 휴

한 사람이 가르치는데 여러 사람이 떠들어대다.
주변 환경의 악영향으로 일의 성과가 없는 경우를 일컫는 말.

한 사람의 스승과 여러 사람의 소란

맹자가 송나라의 공족 대불승에게 물었다. "초나라의 대부가 아들에게 제나라 말을 가르치려고 하는데 제나라 스승에게 배우는 게 낫겠습니까, 초나라 스승에게 배우는 게 낫겠습니까?"

이에 대불승이 당연히 제나라 스승에게 배우는 게 낫다고 대답하자 맹자가 말했다. "한 명의 제나라 사람이 그를 가르치는데 여러 명의 초나라 사람이 그에게 마구 떠들어댄다면(一傅衆咻), 비록 매일같이 회초리로 때리며 제나라 말을 가르쳐도 결코 배우지 못할 것입니다." 《맹자》

해설 《맹자》〈등문공 하〉 편에 나온다. 한 사람이 바른 언행을 하며 모범을 보여도 여러 사람이 훼방을 놓으면 아무 소용이 없음을 비유적으로 하는 말이다.

龍 용 룡 頭 머리 두 蛇 긴 뱀 사 尾 꼬리 미	**용두사미** 龍頭蛇尾	197

용의 머리와 뱀의 꼬리.
시작은 좋았지만 끝이 매우 좋지 않다는 뜻.

용의 머리에 뱀의 꼬리처럼

송나라 때 진존자라는 고승이 있었다. 어느 날 우연히 만난 승려가
부처님의 말씀에 대해 몹시 아는 체하며 큰소리치는 걸 듣다가 그
의 법력이 사실은 매우 보잘것없음을 간파하고는 이렇게 말했다.
"그대는 단지 용의 머리에 뱀의 꼬리가 아닐까 의심스럽소(龍頭蛇
尾). 호령하는 위세는 좋으나 큰소리를 친 후에는 무엇으로 마무리
할 것이오?" 《주자어류(朱子語類)》

반의어 시종일관(始終一貫).

198	**이승양석** 以升量石	以 써 이 升 되 승 量 헤아릴 량(양) 石 돌 석

되(升)로 섬(石)이 되는 양을 헤아리다.
어리석은 사람은 현명한 사람의 마음을 헤아리기 힘들다는 뜻.

뱁새가 황새를 따라가다 가랑이가 찢어진다

섬으로 계산되는 많은 양의 곡식을 되로써 계산한다는 뜻으로, 소견이 좁은 자나 어리석은 소인의 능력으로는 군자의 뜻을 헤아리지 못함을 비유적으로 이르는 말이다. '뱁새가 황새를 따라가다 가랑이가 찢어진다'는 속담과 같은 말이다.　　　　　《회남자(淮南子)》

해설　옛사람들은 곡식의 양을 재는 도량형의 기본단위로 1홉(合)은 1되(升)의 1/10, 1되는 1말(斗)의 1/10, 1말은 1섬(石)의 1/10로 계산했다. 벼 1섬의 무게와 쌀 1섬의 무게는 자연히 차이가 나게 된다. 도정을 하기 때문이다. '이승양석'은 1되들이 됫박으로 1섬의 쌀을 들어내려면 100번을 거듭해야 하니 그만큼 어리석은 수고를 한다는 뜻이다.

千 일천 천
金 쇠 금
買 살 매
笑 웃을 소

천금매소
千金買笑

199

천금을 주고 웃음을 사다.
쓸데없는 짓에 헛돈을 쓰는 것을 일컫는 말.

서주라는 나라가 망한 이유

서주의 유왕에게 포사라는 애첩이 있었는데, 평소에 좀체 웃지 않았다. 애를 태우던 유왕이 누구든 포사를 웃게 만드는 자에게 천금을 내리겠다고 했다. 이에 한 신하가 전쟁이 일어났다고 봉화를 올렸다가 제후들이 허탕치고 돌아가는 걸 보면 웃을 것이라고 했다.

유왕은 즉시 봉화를 올렸고, 제후들이 군사를 이끌고 허겁지겁 달려왔다. 유왕이 별일 아니니 그만 돌아가라고 하자 깃발을 거두고 툴툴거리며 돌아가는 제후들을 보고 포사가 손뼉을 치며 웃었다. 유왕은 약속대로 천금을 내렸다(千金買笑). 그 뒤 얼마 안 가 서주는 망하고 말았다. 포사의 웃음을 보려고 너무 자주 봉화를 올리자, 정작 적군이 침략해왔을 때는 제후들이 한 사람도 오지 않았기 때문이다.

《열국지(列國志)》

해설　《열국지》는 명나라의 풍몽룡(馮夢龍)이 민간에 전하는 여러 판본을 모아 편집해서 다시 쓴 책이다. 서주 말부터 진나라의 천하통일까지 춘추전국시대의 역사를 다룬다. 정식 명칭은 '동주열국지(東周列國志)'이다.

200	반수불수 反水不收	反 뒤집을 반 水 물 수 不 아닐 불 收 거둘 수

'엎질러진 물은 주워 담을 수 없다'는 속담과 같다.
이미 지난 일은 후회해도 소용이 없다는 뜻.

이미 엎질러진 물은 주워 담을 수 없다

강태공으로 유명한 강상은 주나라 무왕을 도와 은나라를 멸망시키고 천하를 평정하는 데 큰 공을 세운 인물로 후에 제나라의 제후로 봉해졌다.

그런데 그가 벼슬길에 오르기 전에 아내가 학문에만 열중하고 살림을 등한시하는 남편에게 화가 나서 가출해버렸다. 그 뒤 강태공이 제나라의 제후가 되자 아내가 나타나 자신을 다시 거두어달라고 하자 강태공이 물 한 동이를 길어오게 한 다음 땅바닥에 쏟고는 다시 담아보라고 했다. 아내가 그러지 못하자, 태공이 말했다.

"그대는 이별했다가 다시 합칠 수 있다고 생각하겠지만 이미 엎질러진 물은 주워 담을 수 없소."　　　　　　　　　　《후한서》

동의어　복수난수(覆水難收), 복수불수(覆水不收), 증이파의(甑已破矣).

234

走 달릴 주		
爲 삼을 위	**주위상책**	201
上 윗 상	走爲上策	
策 꾀 책		

전쟁을 치를 때 전세가 불리하면 더 이상 피해를 입지 않기 위해 달아나는 것이 제일 현명한 계책이다.

달아나는 것을 최고로 치는 장수

송나라의 장수 단도제는 전쟁에 임해서 전세가 불리하면 즉시 물러나 달아나곤 했다. 이에 사람들이 말하기를 '단도제 장군은 서른여섯 가지 계책 중에 달아나는 것을 최상으로 친다(三十六計走爲上策)'고 했다. 《손자병법》의 36계에 나오는 전술이기도 하다.

《자치통감(資治通鑑)》

해설 《자치통감》은 중국의 편년체 역사서로 북송의 사마광(司馬光)이 지었다. '통감'이라고도 한다. 전국시대에서 진나라 초기까지의 편년사로, '지난 일을 거울삼아 치도에 도움이 되도록 한다'는 의미에서 '자치통감'이라고 이름을 붙였다고 한다.

| 202 | 도탄지고
塗炭之苦 | 塗 진흙 도
炭 숯 탄
之 어조사 지
苦 괴로울 고 |

진흙탕이나 숯불에 떨어진 것과 같은 고통.
혹독한 정치로 인해 백성들이 심한 고통을 당하는 상황을 가리키는 말.

혹독한 정치로 백성들이 심한 고초를 겪다

하나라의 걸왕은 주지육림을 일삼으며 학정을 거듭하다 탕왕에게
망했다. 이후 상나라를 세운 탕왕은 무력으로 왕위를 빼앗은 일에
대해 후세 사람들이 어떤 평가를 내릴지 두려워했다. 이에 대신 중
훼가 말했다.

"하나라의 걸왕은 덕이 부족해서 백성을 도탄에 빠뜨렸습니다
(塗炭之苦). 이에 하늘이 임금께 용기와 지혜를 주시어 세상에 널
리 올바름을 나타내게 하고 아름다운 관습을 복구하게 하셨습니
다. 결코 괘념할 일이 아니옵니다."　　　　　　　　　　《서경》

해설　걸왕은 은나라의 주왕과 함께 중국 상고시대의 대표적인 폭군이자 무능과 방탕으
　　　로 나라를 몰락시킨 군주로 유명하다. 왕위에 오른 뒤 궁전을 사치스럽게 치장하고
　　　음란한 음악에 주지육림을 즐기면서 온갖 악행을 일삼았다고 한다. 그러나 이런 일
　　　들은 모두 전설로 전해질 뿐 역사적 사실로 인정하기는 어렵다.

鷄 닭 계 鳴 울 명 狗 개 구 盜 도둑 도	**계명구도** 鷄鳴狗盜

203

닭 울음소리를 잘 내는 사람과 개 흉내를 잘 내는 좀도둑.
천한 재주를 가진 사람도 때로는 요긴하게 쓸 수 있다는 뜻.

알량한 재주라도 요긴하게 쓸 때가 있다

맹상군은 전국시대 말기의 유력 정치인으로 제나라를 비롯한 여러 나라에서 재상을 역임했다. 천하의 인재들을 모아 신분이나 태생에 관계없이 후하게 대접하여 이름이 높았던 인물로 많을 때는 휘하에 삼천 명의 식객이 있었다고 전해진다.

그가 진나라 소왕에게 붙잡혀 있을 때, 개 흉내를 잘 내는 사람과 닭 울음소리를 잘 내는 사람의 도움을 받아 무사히 빠져나올 수 있었다는 고사에서 비롯된 말이다.   《사기》

해설   전국시대에 가장 강력했던 일곱 나라를 '전국칠웅'이라고 하는데 연, 위, 제, 조, 진, 초, 한나라가 여기에 속한다. 맹상군은 각국을 종횡무진 누비며 정치력을 발휘했다.

237

204	**견토지쟁** 犬兎之爭	犬 개 견 兎 토끼 토 之 어조사 지 爭 다툴 쟁

개와 토끼의 다툼.
양자의 쓸데없는 싸움으로 제삼자가 이익을 보게 된다는 뜻.

개와 토끼가 쫓고 쫓기다가 지쳐 쓰러지면

제나라 왕이 위나라를 치려고 하자 재상 순우곤이 함부로 전쟁을 도모했다가 이웃나라들이 주도권을 선점할 기회를 줄 수 있으니 부국강병에 힘쓰는 편이 낫다고 간언하면서 '개와 토끼가 쫓고 쫓기다가 둘 다 지쳐버리면(犬兎之爭) 이웃나라만 이득을 보게 됩니다'라고 한 데서 비롯된 말이다. 《전국책》

동의어 방휼지쟁(蚌鷸之爭), 어부지리(漁父之利).

池 못 지		
魚 물고기 어	**지어지앙**	**205**
之 어조사 지	池魚之殃	
殃 재앙 앙		

연못에 사는 물고기들이 아무 상관도 없는 일에 연루되어 재앙을 당하다.
어떤 일로 인해 제삼자가 애꿎게 피해를 입는다는 뜻.

아무 죄도 없는 물고기들만 모두 죽었다

송나라 때 환사마라는 자가 큰 죄를 지어 벌을 받게 되자 엄청난 값이 나가는 보물을 들고 종적을 감추었다. 왕이 사람을 풀어 그를 찾았더니, 이렇게 말했다. "보물은 도망칠 때 궁궐의 연못에 던져버렸습니다."

왕이 연못의 물을 다 퍼내고 찾아봤지만 보물은 끝내 발견되지 않았고, 대신 아무 죄도 없는 물고기들만 모두 죽고 말았다.

《여씨춘추》

동의어 앙급지어(殃及池魚), 횡래지액(橫來之厄).

206	**연저지인** 吮疽之仁	吮 빨 연 疽 등창 저 之 어조사 지 仁 어질 인

입으로 남의 종기를 빨아주는 사랑.
목적을 달성하기 위해 위선적으로 사랑을 베푼다는 뜻.

우리 아들도 전쟁터에 나가 죽을 겁니다

《오자병법(吳子兵法)》으로 유명한 오기 장군은 졸병들과 숙식을 함께하는 장수로 유명했다. 누울 때도 자리를 깔지 않았고, 행군할 때도 수레에 타지 않는 등 모든 면에서 병졸들과 고락을 함께했다.

오기는 종기를 앓는 병사가 있으면 입으로 직접 고름을 빨아줄 정도였는데(吮疽之仁), 그 병사의 어머니가 이 말을 듣자 대성통곡을 했다. 사람들이 까닭을 묻자 이렇게 말했다.

"제 남편도 오기 장군 밑에서 복무할 때 종기가 나자 장군이 고름을 빨아주었답니다. 이에 감격한 남편은 용감하게 싸우다가 끝내 전사하고 말았지요. 그런데 이제 또 아들의 고름을 빨아주었다니, 그 아이도 틀림없이 죽을 것입니다." 《사기》

해설　사마천은 《사기》에서 '세상에서 군사를 논하는 자들은 모두가 손자와 더불어 오기의 병법을 따른다'고 했을 정도로 《오자병법》을 《손자병법》과 대등한 위치에 놓았다.

郢 땅이름 영
書 글 서
燕 나라 이름 연
說 말씀 설

영서연설
郢書燕說

207

도리에 맞지 않는 일을 억지로 끌어대어 도리에 닿도록 하다.

촛불을 높이 들어 밝음을 존중하라

초나라의 도성인 영(郢)에 사는 어떤 군자가 연나라 재상에게 편지를 쓰다가 때마침 해질 무렵이라 주변을 밝히려고 하인에게 촛불을 높이 들라고 일렀다. 그런데 붓을 든 채로 말하다 무심결에 서두에 '촛불을 높이 들어라!'라고 쓰고는 그대로 편지를 보내고 말았다.

편지를 받은 연나라 재상은 그 글을 읽고 이상히 여기다 무릎을 쳤다. "촛불을 들라는 것은 밝음을 존중하라는 뜻으로 바로 현명하고 어진 선비를 임용하라는 뜻이다!" 연나라 재상은 곧바로 임금에게 이 말을 전했고, 왕은 기꺼이 그 뜻을 받아들여 국정에 반영했다. 잘못 쓴 글 덕분에 연나라는 태평성대를 누리게 되었다.

《한비자》

동의어 견강부회(牽强附會).

208	일목난지 一木難支	一 한 일 木 나무 목 難 어려울 난 支 지탱할 지

한 그루 나무로는 지탱하기 힘들다.
이미 대세가 기울어 혼자서는 감당할 수 없다는 뜻.

작은 나무로는 지탱할 수 없다

위나라의 임개가 당시의 세력가 가충과의 불화로 면직을 당했다. 임개는 그때부터 권세를 잃은 신세를 한탄하며 자신을 돌보지 않고 방탕한 나날을 보냈다. 이에 어떤 사람이 임개의 친구인 화교에게 말했다. "당신은 왜 절친한 벗의 추락을 앉아서 보기만 하고 구해주지 않는 거요?" 이에 화교가 대답했다. "임개의 몰락은 스스로 무너진 것이기에 작은 나무 기둥 하나로 떠받쳐서 될 일이 아니기 때문이오."

《세설신어》

동의어 일주난지(一柱難支).

아침에 세 개, 저녁에 네 개.
당장 눈앞에 드러나는 차이에 속아 결과는 같다는 사실을 모르는 어리석음.

아침에 세 개, 저녁에 네 개

송나라 때 저공이라는 사람이 원숭이들에게 먹이를 주면서 말했다. "너희들에게 먹이를 주되 아침에 세 개를 주고 저녁에 네 개를 주겠다. 어떠냐?" 원숭이들이 동의하지 않자 이번엔 이렇게 바꿨다. "그럼 아침에 네 개를 주고 저녁에 세 개를 주겠다. 어떠냐?" 원숭이들이 모두 기뻐하며 받아들였다. 《열자》

해설 열자는 '조삼모사'라는 말을 통해 간사하고 얕은꾀로 남을 속이는 행위를 비판하고 있다. "하루 동안 받는 양에는 전혀 변화가 없는데도 기뻐하기도 하고 화를 내기도 하니, 이는 인간들이 시비를 따지는 속셈과 흡사하다." 결국 열자는 이 말을 통해 '세상 만물은 자연의 거대한 흐름을 놓고 보면 달라지는 것은 아무것도 없다'는 이야기를 하고 있다.

| 210 | **포벽유죄**
抱璧有罪 | 抱 안을 포
璧 구슬 벽
有 있을 유
罪 허물 죄 |

분수에 맞지 않는 비싼 물건을 갖고 있으면 나중에 재앙을 부르게 된다.

필부는 보물을 갖고 있어도 죄가 된다

우나라 우공의 아우 우숙이 천하제일의 옥구슬을 갖고 있었는데 형이 달라고 하자 이렇게 말했다. "필부는 죄가 없어도 보물을 갖고 있으면 그게 곧 죄가 된다(抱璧有罪). 공연히 화를 부를 필요는 없다." 우숙은 순순히 보물을 바쳤다.

그런데 얼마 뒤에 형은 이번에는 우숙이 갖고 있는 보검을 달라고 했다. 그러자 우숙이 말했다. "만족을 모르는 형은 언젠가는 내 목까지 내놓으라고 할 것이다." 우숙은 반란을 일으켜 형을 내쳤다.

《춘추좌씨전》

동의어 회벽유죄(懷璧有罪), 회옥유죄(懷玉有罪).

244

苛 가혹할 가 斂 거둘 렴 誅 벨 주 求 구할 구	**가렴주구** 苛斂誅求

211

가혹하게 세금을 징수하여 백성들이 심한 고통을 당하는 상황을 가리킨다.

가혹한 정치는 호랑이보다 더 무섭다

공자가 제자들과 태산 기슭을 지날 때였다. 한 여인이 세 개의 무덤 앞에서 슬피 울고 있어 공자가 제자들에게 까닭을 물어보라고 했다. 여인의 대답은 이랬다. "오래전에 시아버지와 남편이 호랑이에게 죽임을 당했는데 이번엔 아들이 또 호랑이에게 당했답니다."

　그런데도 왜 이 마을을 떠나지 않느냐고 묻자 여인이 대답했다. "이곳은 세금을 혹독하게 징수하거나 부역을 강요하는 일(苛斂誅求)이 없답니다." 이에 공자가 제자들에게 말했다. "가혹한 정치는 호랑이보다 더 무섭다(苛政猛於虎)."　　　　　　　　　《구당서(舊唐書)》

동의어　가정맹어호(苛政猛於虎), 도탄지고(塗炭之苦).

해설　《구당서》는 당나라의 정사로, 기전체 역사서인 《이십사사(二十四史)》 가운데 하나이다. 당나라 고조의 건국부터 멸망까지 21명의 황제가 통치한 290년 동안의 역사를 기록하고 있다.

| 212 | **단장**
斷腸 | 斷 끊을 단
腸 창자 장 |

창자가 끊어질 정도로 마음이 몹시 슬프다.

자식을 잃은 슬픔에 애를 태우다

진나라 환온이 촉나라를 정벌하러 갈 때, 한 병사가 새끼원숭이를 사로잡았다. 그러자 어미원숭이가 정벌군이 탄 배를 백여 리나 뒤따라오며 구슬피 울었다. 배가 강어귀가 좁아지는 곳에 이르렀을 때, 어미원숭이가 몸을 날려 배 위로 뛰어올랐다가 너무 지친 나머지 그만 죽고 말았다.

　병사들이 죽은 어미원숭이의 배를 가르자 창자가 토막토막 끊어져 있었다. 자식을 잃은 슬픔에 너무 애를 태우다 그만 창자가 끊어진 것이다. 이를 안타깝게 여긴 환온은 어미원숭이를 후히 장사 지내고, 새끼원숭이를 잡은 병사를 엄히 다스렸다.　《세설신어》

壽 목숨 수	
則 곧 즉	
多 많을 다	
辱 욕될 욕	

수즉다욕
壽則多辱

213

오래 살면 욕됨이 많아진다.
오래 살수록 고생할 일이 많다는 뜻.

오래 살수록 고생할 일이 많아진다

요나라 임금이 어느 마을에 갔는데, 한 백성이 말했다. "오래오래 사시고, 부자 되시고, 아드님도 많이 두시기를 바라옵니다!" 이에 임금이 대답했다. "아들을 많이 두면 걱정거리가 많아지고, 부자가 되면 일이 많아지며, 오래 살면 욕됨이 많아지느니라(壽則多辱)."

그러자 백성이 다시 말했다. "자식이 많아져도 각각 제 할 일을 맡기면 되고, 부자가 되더라도 남에게 재물을 나누어주면 되며, 오래 살더라도 삼환(三患-질병, 늙음, 죽음)과 재앙이 없다면 무슨 욕됨이 있겠습니까?" 《장자》

214	## 새옹지마 塞翁之馬	塞 변방 새 翁 늙은이 옹 之 어조사 지 馬 말 마

세상만사는 변화가 많아 길흉화복을 예측하기 어려우니 한때의 재난이나 복에 일희일비하지 마라.

한때의 재난이나 행운에 일희일비하면

어느 날 한 노인이 기르고 있던 말이 달아났다. 사람들이 위로하자 노인은 오히려 그 일이 복이 될지 누가 알겠느냐며 태연한 표정을 지었다.

얼마 후 그 말이 준마(駿馬)를 데리고 돌아와 사람들이 축하하자 노인은 이번에는 그 일이 오히려 화를 부르게 될지 모른다며 걱정했다. 얼마 후 노인의 아들이 준마를 타다 떨어져 다리에 큰 부상을 입었다. 마을 사람들이 걱정하자 노인은 이 일이 복이 될 수도 있다며 태연하게 받아들였다.

1년 후, 마을의 청년들이 전쟁터에 불려나가 대부분 죽었지만 노인의 아들은 절름발이였기 때문에 전쟁에 나가지 않아 죽음을 면할 수 있었다. 《회남자》

동의어 반화위복(反禍爲福), 새옹득실(塞翁得失), 새옹화복(塞翁禍福).

| 愚 어리석을 우
公 벼슬 공
移 옮길 이
山 뫼 산 | **우공이산**
愚公移山 | **215** |

세상 사람들이 보기엔 어리석게 보이지만 작정을 하고 끝까지 밀고 나가면 언젠가는 목적을 이룰 수 있다.

언젠가는 저 산이 평평해질 날이 올 것이다

옛날에 태행산과 왕옥산 사이에 있는 북산에 우공이라는 90세 노인이 살고 있었다. 이곳은 사방이 700리나 되고 높이가 수만 척이나 되는 산악지대로 교통이 몹시 불편했다.

　어느 날 우공이 '저 험한 산을 평평하게 만들어 놓겠다'고 장담하며 작업에 착수했다. 사람들이 비웃었지만 우공은 태연했다. "파낸 흙은 발해에다 갖다버리면 되고, 내가 작업을 하다 죽으면 아들이 이어받을 테고, 아들은 손자에게 이어져 언젠가는 반드시 저 산이 평평해질 날이 올 것이다."

　이에 감동한 천제는 힘의 신 과아씨에게 명하여 두 산을 다른 곳으로 옮겨놓게 했다. 《열자》

동의어　마부작침(磨斧作針), 수적천석(水滴穿石), 적토성산(積土成山), 진합태산(塵合太山), 철저성침(鐵杵成針).

| 216 | 근묵자흑
近墨者黑 | 近 가까울 근
墨 먹 묵
者 놈 자
黑 검을 흑 |

먹을 가까이하면 검어진다.

행실이 나쁜 사람을 가까이하면 물들기 쉽다는 뜻.

벗을 사귈 때 반드시 택할 사람은

중국 남북조시대에 송계아라는 관리가 정년퇴직을 대비해 자신이 살 집을 보러 다녔는데 지인들이 추천해준 집은 마다하고 집값이 백만금밖에 안 되는 집을 천백만금을 주고 이사했다.

이 얘기를 들은 이웃집 여승진이 이유를 묻자, 송계아는 '백만금은 집값으로 지불했고 천만금은 여승진과 이웃이 되기 위한 값'이라고 대답했다. 좋은 이웃을 선택해서 살 집을 정해야 한다는 얘기다. 원문은 다음과 같다. "먹을 가까이하면 검어지고(近墨者黑) 주사를 가까이하면 붉어지니(近朱者赤), 주거지를 택할 때는 반드시 좋은 이웃을 골라 함께 살도록 하고, 벗을 사귈 때는 반드시 귀한 사람을 택하여 사귀어라(居必擇隣 交必擇友)." 《명심보감(明心寶鑑)》

해설 《명심보감》은 고려 후기의 문신 추적(秋適)이 중국 고전에 나온 선현들의 금언과 명구를 모아 엮은 교재이다. 처음엔 아동학습서 형태로 만들어졌지만 점차 어른들도 읽으며 마음을 닦는 교과서로 삼았다. '명심'은 마음을 밝게 한다는 뜻이고, '보감'은 보물과 같은 거울로서의 교본이라는 뜻이다.

强 강할 강
弩 쇠뇌 노
之 어조사 지
末 끝 말

강노지말
强弩之末

217

제아무리 막강한 영웅이라도 세력이 다하면 아무 일도 하지 못하게 된다.

힘센 화살도 멀리 날아가면

한고조 때 흉노족이 북쪽 변방을 자주 침범하자 이들을 혼내주려고 황제가 직접 대군을 이끌고 나갔다. 그러나 사나운 흉노족을 당해내지 못하고 오히려 위급한 지경에 처하게 되었고, 흉노족 왕비에게 값비싼 선물을 주고서야 겨우 벗어날 수 있었다.

이후 무제 때 한층 막강해진 군사력을 바탕으로 다시 흉노족을 치기로 하고 어전회의를 열었다. 이때 대신 한안국이 출병을 반대하며 말했다. "제아무리 힘센 화살도 멀리 날아가면 힘이 약해져서 얇은 비단조차 뚫기 어렵습니다. 우리 군사들이 비록 강하지만 멀리 원정을 나간다면 어찌 결과를 장담하겠습니까. 그러니 좀 더 훗날을 기약하는 것이 좋을 줄로 압니다." 하지만 무제는 한안국의 간언을 듣지 않고 출병했다가 또다시 큰 고초를 겪어야 했다.

《한서》

218	**거안사위** 居安思危	居 살 거 安 편안 안 思 생각할 사 危 위태할 위

편안할 때일수록 항상 위태로울 때를 생각하여 대비하라.

편안할수록 위험을 생각하는 태도

약소국인 정나라가 강대국 초나라의 침략을 받자, 당시 세력이 강했던 진나라가 11개국의 제후들과 동맹을 맺고 초나라를 응징하는 데 앞장섰다. 이후 정나라는 진나라의 은혜에 감사하며 많은 선물을 보냈다.

　진나라 왕 도공이 선물의 절반을 이번 싸움에 큰 공을 세운 장수인 위강에게 하사하자, 그가 이를 사양하며 아뢰었다. "폐하께서는 생활이 편안하면 위험을 생각하고(居安思危) 항상 준비를 갖추어야 화를 면할 수 있음을 헤아려주시기 바랍니다."　　《춘추좌씨전》

勿 말 물 忘 잊을 망 在 있을 재 莒 주나라 제후 　 이름 거	**물망재거** 勿忘在莒	**219**

힘들었을 때를 잊지 말고 항상 경계하라.

고난을 겪었던 때를 잊지 말자는 다짐

제나라가 연나라의 공격을 받아 거(莒)와 즉묵(卽墨)이라는 두 개의 성만 남게 되었다. 여기만 함락되면 이제 제나라는 완전히 멸망하는 것이었다.

그러자 제나라 백성들이 전단을 지휘관으로 뽑아 필사적으로 저항한 끝에 연나라를 물리치고 나라를 다시 일으킬 수 있었다. 이후 제나라 사람들은 왕이나 지배층이 해이해질 때마다 고난을 겪었던 때를 잊지 말자는 다짐을 나눴다(勿忘在莒).　　　　《사기》

220	박시제중 博施濟衆	博 넓을 박 施 베풀 시 濟 구제할 제 衆 무리 중

널리 사랑과 은혜를 베풀어 뭇사람을 구제하다.

내가 원하는 것을 생각하여

자공이 공자께 여쭈었다. "만약 백성들에게 널리 베풀고 많은 사람들을 구제(博施濟衆)할 수 있다면, 인하다고 할 수 있습니까?"

공자께서 말씀하셨다. "그렇게 한다면 반드시 성인일 것이다. 요임금과 순임금조차도 그렇게 하지 못하는 것을 근심하셨다. 인이란 자신이 일어서고자 할 때 남부터 일어서게 하고, 자신이 뜻을 이루고 싶을 때 남부터 뜻을 이루게 해주는 것이다. 자신이 원하는 것을 생각해 남이 원하는 것을 이해하는 것이 바로 인의 실천이다."

《논어》

해설 《논어》〈옹야〉 편에 나온다. 원문은 '여유박시어민 이능제중(如有博施於民 而能濟衆)'으로, 풀이하자면 자기 것을 널리 나눠 다른 사람들을 돕는다는 말로 혼자만 우뚝 서는 삶이 아니라 더불어 함께 가는 삶이 더 바람직하다는 뜻이다. 우리나라 최초의 국립병원인 '제중원(濟衆院)'도 바로 이런 정신으로 만들어져 백성들에게 큰 도움을 주었다.

讀 읽을 독 書 글 서 三 석 삼 餘 남을 여	**독서삼여** 讀書三餘

221

독서하기에 좋은 세 가지 여가.
겨울, 밤, 비 올 때를 가리키는 말.

책 읽을 여가가 없다고 말하는 젊은이들에게

위나라 학자 동우는 책을 읽을 여가가 없다고 대답하는 젊은이들에게, 그들의 궁색한 변명을 꾸짖으며 이렇게 말했다. "농사일이 없는 겨울, 한적하고 편안한 밤, 그리고 일을 못하는 비 오는 날 등 세 가지 여가가 있지 않은가?"

《삼국지》

해설　독서를 말하면서 우리에게 가장 먼저 떠오르는 말은 두보가 〈백학사모옥(柏學士茅屋)〉이라는 시에서 "남자라면 다섯 수레 정도의 책은 읽어야 한다"고 노래한 것이다. '남아수독오거서(男兒須讀五車書)'로 널리 알려진 말이다.

222	**내자가추** 來者可追	來 올 래 者 놈 자 可 좋을 가 追 쫓을 추

이미 지나간 일은 어쩔 수 없을지라도 앞으로 다가올 일은 조심하고 대비하면 이전과 같은 잘못을 저지르지 않을 수 있다.

지나간 일은 되돌릴 수 없지만

초나라의 접여는 일부러 미친 척하며 세상을 피해 살아가는 은자로 어느 날 공자 앞을 지나며 이렇게 노래했다. "봉황이여, 어찌 이렇게 덕이 쇠미해졌는가? 지나간 일은 바로잡을 수 없지만 앞으로의 일들은 그래도 해볼 만한 것이다(來者可追). 아서라, 요즘의 정치가들은 참으로 위태롭도다." 《논어》

해설   《논어》〈미자〉 편에 나온다. 한편 진나라 시인 도연명의 작품 〈귀거래사병서(歸去來辭幷書)〉에도 같은 말이 나온다. '왕자불간 내자가추(往者不諫 來者可追)'로, '지나간 일은 되돌릴 수 없지만 앞으로의 일은 좇아갈 수 있다'는 뜻이다.

256

捨 버릴 사 生 살 생 取 가질 취 義 옳을 의	**사생취의** 捨生取義

223

목숨을 버릴지언정 옳은 일을 택하겠다.

목숨을 버리고 의를 취할 것이다

물고기도 내가 원하는 것이고 곰 발바닥도 원하는 것이지만, 둘 모두를 동시에 얻을 수 없다면 생선보다는 곰 발바닥을 취할 것이다. 마찬가지로 목숨도 원하는 것이고 의(義)도 원하는데, 둘 다 취할 수 없다면 목숨을 버리고 의를 취할 것이다(捨生取義)."　　　《맹자》

동의어　살신성인(殺身成仁), 살신입절(殺身立節).

해설　《맹자》〈고자 상〉편에 나오며, 살신성인과 같은 뜻이다. 역사 속의 많은 이들이 이 말처럼 의로움을 택하고 스스로 목숨을 버렸다.

224	**연목구어** 緣木求魚	緣 오를 연 木 나무 목 求 구할 구 魚 물고기 어

나무에 올라 물고기를 구하다.
불가능한 일을 시도하는 어리석음을 일컫는 말.

나무에 올라가 물고기를 구하다

제나라 선왕이 천하통일의 꿈을 품고 '제왕의 도(覇道)'에 대해 묻자 맹자가 말했다.

"왕께서 묻는 제왕의 도가 영토를 확장하여 제후들의 추앙을 받고 사방의 오랑캐들을 거느리고 싶은 것이라면, 이는 나무에 올라가 물고기를 구하는 것과 같습니다(緣木求魚). 나무에서 물고기를 구하는 것은 실패해도 별 탈이 없지만, 무력으로 세상을 얻으려면 백성을 잃고 나라를 망치는 재앙이 뒤따릅니다. 고기를 잡으려면 바다로 가야 하듯이 천하통일을 이루고 싶다면 대도를 걸으십시오."

《맹자》

동의어 사어지천(射魚指天), 상산구어(上山求魚), 여호모피(與虎謀皮).

運 옮길 운
籌 산가지 주
帷 휘장 유
幄 휘장 악

운주유악
運籌帷幄

225

장막 안에 가만히 들어앉아 계책을 꾸민다는 뜻.

유방이 천하 패권을 차지한 진짜 이유

오랜 전쟁을 끝내고 마침내 천하를 통일한 유방이 대궐에서 잔치를 베풀며 신하들에게 물었다. "경들은 내가 항우를 물리치고 천하를 얻은 까닭이 무엇이라 생각하오?" 이에 신하들이 항우의 용렬함과 유방의 탁월함에 대해 침이 마르게 칭찬하며 그것이 이유라고 말했다. 그러나 유방은 머리를 흔들며 말했다.

"그렇지 않소. 나는 장막 안에서 전략을 세워(運籌帷幄) 천 리 밖의 승리를 얻게 하는 데는 장량(張良)만 못하고, 나라를 편안히 하고 백성을 어루만지며 군대에 보급이 끊어지지 않도록 하는 일에는 소하(蕭何)만 못하며, 백만의 병사를 거느리고 나아가 싸우면 반드시 이기고 공격하면 반드시 빼앗는 일에는 한신보다 못하오. 하지만 내가 그들을 잘 통솔하였기에 재능을 맘껏 발휘할 수 있었소. 그것이 바로 내가 항우를 이기고 천하를 차지한 이유라오."

226	구우일모 九牛一毛	九 아홉 구 牛 소 우 一 한 일 毛 털 모

아홉 마리 소의 몸에서 나온 한 올의 털.
지극히 하찮은 일이라는 뜻.

나 같은 인간은 땅강아지와 같다

한나라 무제 때, 장수 이릉이 흉노를 정벌하러 5천의 군사를 이끌
고 출전하여 열흘 동안 싸웠지만 중과부적으로 대패하고 말았다.
그런데 후에 죽은 줄로 알았던 이릉이 흉노에 투항하여 후한 대접
을 받고 있다는 사실을 안 무제가 당장 그의 일족을 참형하라고 명
했다.

　이때 사마천이 홀로 나서서 아뢰었다. "소수의 군사로 수만의
오랑캐와 싸우다 투항한 것은 훗날 황은에 보답하기 위해서일 것
입니다." 이에 진노한 무제는 사마천을 당장 옥에 가두고 생식기
를 잘라 없애는 형벌에 처했다. 사마천은 친구에게 이렇게 썼다.

　"내가 처형을 당해도 아홉 마리의 소의 몸에서 나온 터럭 하나
쯤(九牛一毛) 없어지는 것과 다르지 않으니 나 같은 사람은 땅강아
지나 개미 같은 미물과 무엇이 다르겠는가?"　　　　《한서》

동의어　대해일속(大海一粟), 조족지혈(鳥足之血), 창해일적(滄海一滴),

狐 여우 호 假 빌릴 가 虎 범 호 威 위엄 위	**호가호위** 狐假虎威	**227**

여우가 호랑이의 위세를 빌려 호기를 부리다.
약한 자가 뒤에 있는 큰 세력을 빌어함부로 위세를 부린다는 뜻.

호랑이가 여우를 놓아줄 수밖에 없는 이유

초나라 선왕 때 실질적인 권력자는 재상 소해휼이었다. 어느 날 선
왕이 신하들에게 물었다. "북방의 모든 나라들이 소해휼을 두려워
한다는 게 사실인가?" 권력자 소해휼이 지켜보고 있기에 아무도
답하지 못했는데, 강을이 선뜻 입을 열었다.

　"호랑이에게 잡힌 여우가 말했습니다. '나는 백수의 어른으로,
모든 짐승들이 나를 두려워한다. 내 말을 못 믿겠거든, 내가 앞장
설 테니 내 뒤를 따라와보라.' 호랑이가 여우의 뒤를 따라가보니
과연 모든 짐승들이 질겁하며 도망쳐 호랑이는 여우를 놓아줄 수
밖에 없었습니다. 그와 마찬가지로, 북방의 모든 나라들이 소해휼
을 두려워하는 것은 임금께서 거느리신 사방 오천 리 땅과 수백만
의 군사 때문이지 결코 소해휼 때문만은 아닙니다." 　《전국책》

동의어　가호위호(假虎威狐), 차호위호(借虎威狐).

	양호유환	養 기를 양
228	養虎遺患	虎 범 호
		遺 남길 유
		患 근심 환

호랑이를 길러 화근을 남기다.
언젠가는 화근이 될 일을 스스로 만든다는 말.

호랑이를 길러 후환을 남기는 일

진나라 말기의 혼란 속에서 유방이 한발 앞서 진나라 수도 함양에 입성한 후, 항우가 대대적인 공세를 펼칠 기미가 보이자 그들에 비해 군사력이 약한 유방이 일단 후퇴하여 후일을 기약했다.

얼마 후 군사력을 재정비한 유방이 항우에게 잠시 휴전하자고 제안하자, 항우는 유방이 자신의 위세에 눌려 스스로 몸을 낮춘다고 믿고 이를 선뜻 받아들였다. 이때 유방의 책사 장량이 말했다.

"지금 항우는 고립되어 있고 지지하는 세력도 얼마 없으니 당장 공격해야 합니다. 이때를 놓치면 호랑이를 길러 후환을 남기는 꼴이 됩니다(養虎遺患)."

유방은 장량의 말에 따라 즉시 군사를 이끌고 나가 방심하고 있던 항우를 쳐서 대승을 거두었다. 《사기》

동의어 자업자득(自業自得), 자작자수(自作自受).

대기만성
大器晩成

큰 그릇은 늦게 만들어진다.
크게 될 사람은 늦게 빛을 본다는 말.

큰 솥은 쉽게 만들어지지 않는다

위나라 장수 최염에게는 최림이라는 사촌동생이 있었는데, 친척들에게조차 업신여김을 받을 만큼 변변치 않은 인물이었다. 하지만 최염은 그에 대해 늘 이렇게 말했다.

"큰 종이나 큰 솥은 쉽게 만들어지지 않는다(大器晩成). 큰 인재도 이와 같아서 그는 후일 반드시 큰 인물이 될 것이다."

최염의 예상대로, 최림은 나중에 천자를 보필하는 자리에 오를 만큼 큰 인물로 성장했다. 《노자도덕경》

하루 한 마디
지혜의 말

신개정판 1쇄 인쇄일   2022년 02월 11일
신개정판 1쇄 발행일   2022년 02월 18일

지은이   오세진
발행인   이지연
주간   이미숙
책임편집   이정원
책임디자인   이경진
                  권지은
책임마케팅   이운섭
경영지원   이지연

발행처   ㈜홍익출판미디어그룹
출판등록번호   제 2020-000332 호
출판등록   2020년 12월 07일
주소   서울시 마포구 독막로18길 12, 2층(상수동)
대표전화   02-323-0421
팩스   02-337-0569
메일   editor@hongikbooks.com

제작처   갑우문화사

ISBN   979-11-9142-068-5 (03150)

※ 이 책은 《흔들리는 나를 위한 1일 1철학》의 신개정판입니다.